职业教育·通用课程教材

大学生就业指导

匡华云　梁　晶　主　编

王海军　李孝刚　副主编

李　龙　主　审

人民交通出版社

北　京

内 容 提 要

本书为职业教育通用课程教材。全书共分 6 个模块 26 个单元,其主要内容包括大学生就业概述、职业规划、就业能力、就业准备、求职指导、职场适应等。

本书在编写过程中充分体现了职业教育的特色。采用模块化教学模式,每个模块后均设置实训演练,引导学生在实践中掌握知识和提升能力,体现“教、学、做”一体化的教学理念;融入课程思政元素,引导学生树立正确的就业观和价值观;为方便教学,配套了数字资源。

本书可作为职业院校“大学生就业指导”课程教材,也可供从事就业指导工作的教师及社会相关人员参考。

＊本书配套课件等教学资源,任课教师可通过加入职教公共基础课教学研讨群(QQ 群:985149463)获取。

图书在版编目(CIP)数据

大学生就业指导 / 匡华云, 梁晶主编. — 北京 : 人民交通出版社股份有限公司, 2024.6 (2025.1 重印)

ISBN 978-7-114-19535-8

Ⅰ.①大… Ⅱ.①匡…②梁… Ⅲ.①大学生—职业选择—职业教育—教材 Ⅳ.①G647.38

中国国家版本馆 CIP 数据核字(2024)第 093997 号

职业教育 · 通用课程教材
Daxuesheng Jiuye Zhidao

书　　名: 大学生就业指导
著 作 者: 匡华云　梁　晶
责任编辑: 杨　思
责任校对: 孙国靖　宋佳时
责任印制: 刘高彤
出版发行: 人民交通出版社
地　　址: (100011)北京市朝阳区安定门外外馆斜街 3 号
网　　址: http://www.ccpcl.com.cn
销售电话: (010)85285911
总 经 销: 人民交通出版社发行部
经　　销: 各地新华书店
印　　刷: 北京印匠彩色印刷有限公司
开　　本: 787 × 1092　1/16
印　　张: 13
字　　数: 235 千
版　　次: 2024 年 6 月　第 1 版
印　　次: 2025 年 1 月　第 2 次印刷
书　　号: ISBN 978-7-114-19535-8
定　　价: 49.00 元

前言

就业是民生之本，促进高校毕业生就业是就业工作的重中之重。党和政府高度重视大学生就业工作，党的二十大报告提出，强化就业优先政策，健全就业促进机制，促进高质量充分就业。目前，虽然高校毕业生面临复杂的就业形势，压力很大，但也要认识到接受过高等教育的大学毕业生是一笔宝贵的人力资源财富。一大批大学毕业生步入社会，为我国经济社会高质量发展注入了新鲜血液和蓬勃活力，他们在各行各业发挥着越来越重要的作用。这些宝贵的人力资源是我国经济高质量发展的重要支撑，也是全面建成社会主义现代化强国的基础。

在此背景下，适应时代潮流，响应大学生内心的呼唤，强化就业指导服务显得尤为迫切。实施针对性强、效果显著的就业指导，对大学生而言，有助于其确立正确的人生观、价值观和世界观，设置合理的就业期望，并能有效缓解其就业压力。同时，就业指导也可进一步提升学生的综合素养，培育他们成为更好的、不断进步的、适应经济与社会发展的高素质人才。本教材的编写，旨在展现对大学生就业问题的关切和思考。作为职业院校的一线教师，我们深知职业教育在培养应用型人才方面的重要作用。因此，在本教材编写过程中，我们特别注重结合职业教育的特点，突出实践性和可操作性，力求为职业院校的学生提供切实有效的就业指导。

本教材具有以下特点：第一，突出职业教育特色，紧密结合职业院校学生的就业实际，采用模块化教学模式，融入“做中学，学中做”的教学理念，并有机融入近年来国家关于职业教育就业相关文件精神；第二，选取一些有代表性的毕业生就业案例，增强针对性和感染力；第三，每个模块均设置实训演练环节，通过角色扮演等方式，调动学生学习的积极性，加深其对知识的理解；第四，为方便教学，配套数字资源，帮助学生多层面了解知识内容。

在使用本教材时，建议教师根据职业院校学生的特点，合理安排教学内容，灵活运用教学方法，充分利用教材提供的各种资源，最大限度地发挥教材的作用。同时，鼓励学生积极参与教学活动，勇于实践，在实践中加深对知识的理解，提高分析问题和解决问题的能力。

本书由湖南高速铁路职业技术学院匡华云、梁晶担任主编，湖南高速铁路职业技术学院王海军、李孝刚担任副主编，湖南高速铁路职业技术学院李龙担任主审。具体编写分工如下：模块一由湖南高速铁路职业技术学院匡华云、廖一霖编写，模块二由湖南高速铁路职业技术学院梁晶、邓明明编写，模块三由湖南高速铁路职业技术学院王海军、石楚玉编写，模块四由湖南高速铁路职业技术学院李孝刚、宋亚科编写，模块五由湖南高速铁路职业技术学院匡华云编写，模块六由湖南高速铁路职业技术学院梁晶、王文婷编写。全书由匡华云统稿。

在此，我们衷心感谢所有在编写过程中提供帮助的专家和同事，他们的建议和意见让本教材更加完善。我们也要向学院的领导表达感激之情，感谢他们的支持和鼓励。

本书可作为职业院校“大学生就业指导”课程的教材，也可供从事就业指导工作的教师及社会相关人员参考。

由于水平有限，书中难免有疏漏和不妥之处，真诚欢迎广大读者提出宝贵意见和建议，以便再版时修改和完善。

编　者

2024 年 3 月

数字资源索引

资源使用说明：

1. 扫描封面二维码，注意每个码只可激活一次；

2. 长按弹出界面的二维码关注“交通教育出版”微信公众号并自动绑定资源；

3. 公众号弹出“购买成功”通知，点击“查看详情”，进入后即可查看资源；

4. 也可进入“交通教育出版”微信公众号，点击下方菜单“用户服务—图书增值”，选择已绑定的教材进行观看。

序号	资源名称
1	大学生就业形势概述
2	职业生涯规划的具体方法
3	学习能力的养成
4	人际交往能力的养成
5	团队合作能力的养成
6	如何保持良好的就业心态
7	如何进行求职笔试
8	如何进行求职面试
9	适应工作新环境的方法
10	影响职业发展的因素

目录

模块一 大学生就业概述

案例导入

张同学是××学院2021届铁道工程技术专业毕业生。他在校期间不仅学习成绩优异，还积极参与课外实习，特别是对高速铁路的施工与维护领域充满热情。在毕业之际，张同学仔细分析了当前铁路行业的发展趋势，认为中国铁路广州局集团有限公司作为南方交通枢纽，拥有庞大的铁路网络。并且当前中国铁路正处于推进智能化升级的关键时期，就业前景广阔。因此，他关注中国铁路广州局集团有限公司的招聘信息，有针对性地准备应聘材料，包括重点突出自己在高速铁路领域的专业背景，以及重视收集自己在实习期间参与的相关项目。当校园招聘开始时，张同学迅速行动，向中国铁路广州局集团有限公司提交了个性化的求职申请，并在面试中展现了对铁路行业的热忱以及对未来铁路技术发展趋势的深刻理解。凭借专业知识、实习经验和对行业的敏锐洞察力，张同学最终成功收到了中国铁路广州局集团有限公司的录用通知，成为一名铁路工程技术人员，开始了他梦寐以求的铁路生涯。

案例启示：毕业生在求职的关键时期，一定要审时度势，要对自身、社会有充分的认知，有的放矢地进行求职活动。这对毕业生在求职过程中把握机遇，从而取得成功是大有裨益的。

学习目标

1. 清楚当前大学生就业形势的基本特点，了解影响大学生就业的主要因素；
2. 熟悉我国大学生就业制度，了解国家关于大学生就业的基本政策；
3. 掌握大学生就业过程中的基本权益与保障措施，增强自我保护意识和维权意识。

单元一　大学生就业形势

一、毕业生就业概况

教育部《2022 年全国教育事业发展统计公报》数据显示,2022 年,全国各类高等教育在校学生总规模达 4655 万人,高等教育毛入学率 59.6%。全国共有高等学校 3013 所,其中,普通本科学校 1239 所(含独立学院 164 所);本科层次职业学校 32 所;高职(专科)学校 1489 所。[①]据教育部统计,2023 年全国高职学校毕业生 81.9 万人,截至 2023 年 7 月 1 日,全国已有 2951 所高职学校开展了毕业生就业工作,共计就业 559.7 万人,就业率为 98.34%。整体来看,高职生的就业率高于全国平均水平,是高素质技术技能人才的重要来源。职业教育已经成为我国国民教育体系和人力资源开发的重要组成部分。与此同时,高职院校毕业生就业状况和就业质量问题也得到全社会高度重视。

(一)毕业生就业政策不断优化

大学生就业形势概述

《教育部关于做好 2024 届全国普通高校毕业生就业创业工作的通知》(教就业〔2023〕4 号)显示:高校毕业生是国家宝贵的人才资源。为深入学习贯彻习近平新时代中国特色社会主义思想和党的二十大精神,全面落实党中央、国务院对高校毕业生就业创业工作的决策部署,教育部决定实施“2024 届全国普通高校毕业生就业创业促进行动”,进一步完善高校毕业生就业创业服务体系,全力促进高校毕业生高质量充分就业。

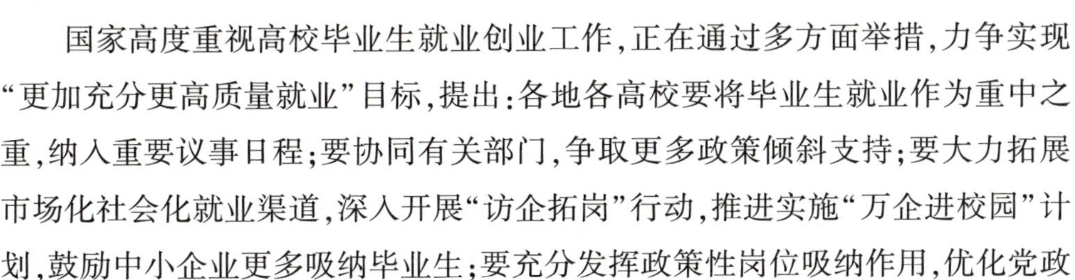
国家高度重视高校毕业生就业创业工作,正在通过多方面举措,力争实现“更加充分更高质量就业”目标,提出:各地各高校要将毕业生就业作为重中之重,纳入重要议事日程;要协同有关部门,争取更多政策倾斜支持;要大力拓展市场化社会化就业渠道,深入开展“访企拓岗”行动,推进实施“万企进校园”计划,鼓励中小企业更多吸纳毕业生;要充分发挥政策性岗位吸纳作用,优化党政

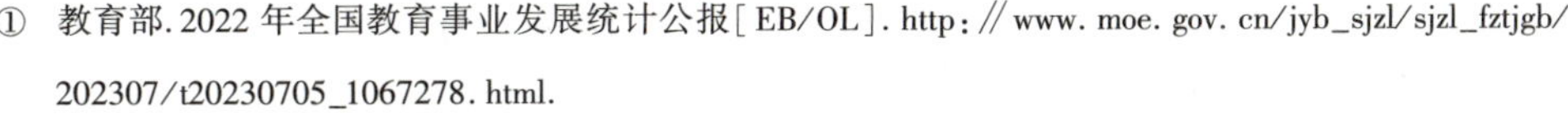
① 教育部. 2022 年全国教育事业发展统计公报[EB/OL]. http://www.moe.gov.cn/jyb_sjzl/sjzl_fztjgb/202307/t20230705_1067278.html.

注:本书中各项全国统计数据均未包括香港特别行政区、澳门特别行政区和台湾地区数据。

机关、事业单位、国企招录安排,扩大基层项目招募,做好大学生征兵工作;强化就业指导服务,加强生涯教育和就业指导,办好职业规划大赛,引导就业实习实践,维护毕业生就业权益。

(二)毕业生就业压力增大

根据教育部对外公布的统计数据,2022年,高职(专科)招生538.98万人(不含五年制高职转入专科招生54.29万人),同口径比上年增加31.59万人,增长6.23%;在校生1670.90万人,比上年增加80.80万人,增长5.08%;毕业生494.77万人,比上年增加96.36万人,增长24.19%。[1]这些势必影响高职院校持续增加的毕业生就业。毕业生人数的增长势必导致就业压力逐渐增大。

(三)毕业生就业竞争较大

从就业市场需求和岗位特点来看,一些岗位对于学历有着明确的要求。尤其是那些涉及深入研究、高级管理或高技术含量的岗位,往往更倾向于招聘本科及以上学历的毕业生。这些岗位对于毕业生的知识储备、学习能力和综合素质有着更高的要求,而本科毕业生在这些方面通常比高职毕业生更具优势。此外,一些企业在招聘时也会受社会观念和传统偏见的影响,认为高职毕业生在学历层次上低于本科毕业生,因此在同等条件下更倾向于选择本科毕业生,进而导致在某些岗位,高职院校毕业生与本科毕业生相比处于劣势。

(四)刚入职毕业生的薪酬较低

《2024年中国高职生就业报告》显示,2023届高职毕业生平均月收入为4683元。[2]由于刚毕业的学生的实际工作能力有限,达不到工作岗位的要

---

① 教育部.2022年全国教育事业发展统计公报[EB/OL].http://www.moe.gov.cn/jyb_sjzl/sjzl_fztjgb/202307/t20230705_1067278.html.

② 麦可思研究院.2024年中国高职生就业报告[M].北京:社会科学文献出版社,2024.

求，所以刚开始收入偏低；但随着工作年限的增加、工作经验的增长和能力的提高，处于不同岗位的毕业生在成为企业的正式员工以后，其薪酬会有所提高。

二、影响毕业生就业的因素

（一）环境因素

当前我国经济形势总体向好，为铁路相关专业高职学生就业提供了良好的宏观环境。一方面，扩大有效投资、加强新型基础设施建设等举措有望带动铁路相关产业发展，增加对铁路专业人才的需求；另一方面，深化改革、扩大开放、维护经济金融稳定等有利于营造公平稳定的就业环境。总的来说，在当前经济形势下，铁路相关专业高职学生就业前景总体向好，但他们也要提高职业适应能力，综合考虑行业发展趋势、个人专业特点等因素，做好就业准备。

（二）学校因素

学校因素对铁路相关专业高职学生就业具有深远的影响，具体体现为以下几个方面：

一是专业设置与课程体系的优化。学校需要根据铁路行业的发展趋势和需求，不断调整专业设置和优化课程体系，这样才可以确保学生掌握最新的行业知识和技能，为将来的职业生涯打下坚实的基础。

二是师资队伍的建设与发展。一流的师资队伍是教学质量的保障，学校应重视教师的职业发展，定期进行行业培训，引进行业经验丰富的专家，以确保教师能够提供符合行业标准的教学和指导。

三是实践教学条件的完善。实训基地的建设和实践教学条件的完善是提高学生实践能力的关键，通过校企合作，学校可以为学生提供更多接触真实工作环境的机会，这样有助于学生将理论知识转化为实践技能。

四是就业指导与服务的加强。学校通过设立就业指导中心，给学生提供职业规划指导、求职技巧培训、就业信息发布等服务。专业的职业指导能帮助学生更好地了解自己的职业倾向，提高求职效率和成功率。

五是品牌影响力的提升。通过提高教育教学质量、加强学生实践技能培养、增进企业合作等措施,学校可以提升自身的品牌声誉。学校具有良好的品牌形象会增加用人单位对学生的信任度,从而提高学生的就业竞争力。

(三)择业期望值

学生在择业过程中若期望值过高,如期望工作环境好、薪酬高,想留在大城市、进大公司,否则宁愿失业在家,会导致一些能胜任的工作由于条件不理想不愿意做,条件好的工作又胜任不了的供需错位现象。

(四)毕业生自身素质

毕业生自身的素质,包括专业知识、实践技能、人际交往能力、心理素质等多个方面,直接关系到他们在就业市场上的竞争力和职业发展潜力。

在校期间,毕业生通过系统学习,掌握本专业的理论知识和基本技能,为未来的职业发展奠定坚实基础。具备扎实的专业知识,能使毕业生在工作中更加得心应手,更好地解决工作中遇到的问题,从而赢得用人单位的青睐。除了理论知识,毕业生还需要具备实际操作的能力,包括实验技能、项目实践能力等。这些实践经验能够使毕业生更快地适应工作环境,提高工作效率,增加职业竞争力。

面对日益激烈的就业竞争和复杂多变的职场环境,毕业生需要保持积极的心态,勇于面对挑战和困难。具备良好的抗压能力、自我调整能力和创新能力,有助于毕业生在职业生涯中取得更好的成绩。

三、高职院校毕业生就业的优势与劣势

(一)高职院校毕业生的就业优势

所谓优势,是指相对于竞争对手在资源或能力上的长处。任何事物都有其自身的优势,高职院校毕业生的就业优势包括先发优势和竞争优势。

1. 先发优势

一是高职院校以就业为导向,按订单培养人才。高职院校毕业生具有实训和顶岗实习的机会,这使得高职院校毕业生在岗位职业能力储备上具有一定的先发优势。二是高职

院校的职业生涯教育前移,这使高职院校毕业生较早地做好了就业心理准备。高职院校毕业生与普通大学毕业生相比,就业警觉期出现得较早,这样,高职院校毕业生在就业心理准备上就具备了一定的先发优势。

2. 竞争优势

首先,在某些领域,高职院校毕业生技术应用能力较强。他们在校参与实践操作和实训的机会较多,因此,部分高职院校毕业生能较快地适应并融入新的就业环境。其次,高职院校专业对口的特色也使毕业生在就业时具有一定的竞争优势。一些高职院校在设置专业时岗位针对性较强,一些高职院校还设有以企业"冠名"的班级,毕业生可直接进入该企业,因此,高职院校毕业生在某些岗位上占有竞争优势。

(二)高职院校毕业生的就业劣势

所谓劣势,是指相对于竞争对手在资源或能力上的限制或缺陷。相比于普通高校毕业生,高职院校毕业生的就业劣势包括文凭劣势、个性心理劣势等。

1. 文凭劣势

高职院校毕业生处于专科水平,面对越来越多的本科生和研究生,他们在某些岗位处于劣势。

2. 个性心理劣势

部分高职院校毕业生因为没有考上理想的大学,潜意识内可能有自卑感和压抑的情绪,心理负担和精神压力较大,容易导致对自身角色的定位不客观,就业时迷茫、彷徨;既想追求高薪企业,又缺乏足够的信心;既想主动竞争谋取理想职位,又担心竞争失败。这些个性心理不同程度地影响着他们的择业和就业。

单元二　大学生就业制度及其改革发展方向

《辞海》中对“制度”一词是这样定义的，制度是在一定历史条件下形成的政治、经济、文化等方面的体系，也指要求大家共同遵守的办事规程或行动准则。就业制度是国家权力机关和有关机关为满足就业的需要而建立的，并为社会所公认的行为规范，它包括国家法律以及有权机关制定的行政法规、地方性法规、政府规章以及有关决定、命令等。

一、我国现行的就业制度

就业制度关乎国家经济发展水平，也与人民的生活息息相关。劳动就业制度对人力资源的合理利用和配置，对维护社会的稳定和构建和谐社会都起到了十分重要的作用。我国现行的就业制度主要有以下几种。

（一）人才聘用制度

人才聘用制度是国家党政机关、社会团体、企事业单位的人员选拔任用、聘请任用的一系列规章制度的总称。我国基本的人才聘用制度包括三个方面：党政机关和国有企业单位领导干部的委任制；国家机关政务类公务员的招考制；事业单位人员的聘用制。

（二）人事代理制度

人事代理制度是指由政府人事部门所属的人才服务中心，按照国家有关人事政策法规的要求，接受单位或个人委托，在其服务项目范围内，为多种所有制经济尤其是非公有制经济单位及各类人才提供人事档案管理、职称评定、社会养老保险金收缴、出国政审等全方位服务的管理制度，是实现人员使用与人事关系管理分离的一项人事改革新举措。

（三）就业准入制度

就业准入制度是指为了提高从业人员的职业素质，加强对持证上岗的管理而制定的准入制度。所谓就业准入，是指根据《中华人民共和国劳动法》(简称《劳动法》)和《中华人民共和国职业教育法》的有关规定，对从事技术复杂，通用性强，涉及国家财产、人民生命安全和消费者利益的职业(工种)的劳动者，必须经过培训，并取得职业资格证书后，方可就业上岗。

目前，我国已开始在一部分职业领域实施就业准入制度，并就准入做出了具体规定。按规定，实行就业准入制度的职业范围由中华人民共和国人力资源和社会保障部确定并向社会公布。职业介绍机构要在显著位置公布实行就业准入制度的职业范围；各地印制的求职表中要有登记职业资格证书的栏目；用人单位招聘广告栏中也应有相应职业资格要求。职业介绍机构的工作人员在工作过程中，对国家规定实行就业准入制度的职业，应要求求职者出示职业资格证书并查验，凭证推荐就业。用人单位凭证招聘用工。

二、我国就业制度改革的发展方向

目前我国就业制度改革有以下几个发展方向。

(一)注重就业公平

我国通过实施统筹城乡就业、城乡人力资源市场一体化等劳动就业措施实现深度转型，更加强调就业公平，其中包括性别公平、学历公平等。国家希望能够为劳动者提供更为平等的竞争平台。只有在公平的就业竞争环境中，每个劳动者才能享受到公平的待遇，凭借自身的实力得到就业机会，这也有利于在竞争中提高劳动者的整体素质。

(二)注重构建法律体系

党的二十大报告明确强调了我国全面推进依法治国的决心，指出："坚持走中国特色社会主义政治发展道路，全面发展全过程人民民主，社会主义民主政治制度化、规范化、程序化全面推进，社会主义协商民主广泛开展，人民当家作主更为扎实，基层民主活力增强，爱国统一战线巩固拓展，民族团结进步呈现新气象，党的宗教工作基本方针得到全面贯彻，人权得到更好保障。社会主义法治国家建设深入推进，全面依法治国总体格局基本形成，中国特色社会主义法治体系加快建设，司法体制改革取得重大进展，社会公平正义保障更为坚实，法治中国建设开创新局面。”我国将坚定不移地在社会主义法治国家的道路上继续前行。同时，我国在就业制度领域应建立起完备的法律规范体系，形成完善的就业制度管理系统，这是符合建设社会主义法治国家的目标的重要举措，也是改善我国就业现状的重要方式。

（三）注重建立完备的社会保障体系

就业制度不仅涵盖规范劳动者和用人单位的相关内容，同时也包括劳动者权益保障等相关内容。劳动者在从事劳动的过程中，可能遭受一些意外事故，这些意外事故会给劳动者的身体或精神带来创伤，有些甚至会影响其今后的劳动和生活。在处理这些问题时，就需要发挥社会保障体系的作用。健全的社会保障体系能够让劳动者在遭受意外事故的时候，得到最基本的医疗保障和生活保障，不仅能够保障劳动者个人的最基本生活，同时也可帮助劳动者的家庭维持基本的生活条件。社会保障体系的建设与完善是构建和谐社会的基础，也使我国目前的就业制度更完备。

（四）注重健全职业教育体系

2022 年，中共中央办公厅、国务院办公厅印发的《关于深化现代职业教育体系建设改革的意见》中提到要“以习近平新时代中国特色社会主义思想为指导，深入贯彻党的二十大精神，坚持和加强党对职业教育工作的全面领导，把推动现代职业教育高质量发展摆在更加突出的位置，坚持服务学生全面发展和经济社会发展”，通过提升职业学校关键能力，深化产教融合，有序有效推进现代职业教育体系建设改革，切实提高职业教育的质量、适应性和吸引力，培养更多高素质技术技能人才。完备健全的职业教育体系，微观上可以解决经由职业教育机构培训的劳动者的就业问题，宏观上可以缓解供给需求矛盾，缓解社会压力。

(五)立足国情并与国际接轨

面对日渐复杂的国际经济环境,我国立足于国情,密切关注国际经济发展形势,以积极主动的姿态,充分鼓励企业加强和规范对外输出,主动参与经济发展与经济秩序的制定,缓解国内就业压力。当下“自主择业”的政策规定更注重个人价值的实现和个人价值实现方式的多样化。它以市场运行为基础,使高校在毕业生培养上强化了与社会需要的联系,使用人单位拥有了很大的自主选择权。拥有了较大自主权的用人单位在招聘毕业生时,除了政府、事业单位会受到编制、名额的限制,其他的用人单位都可以按照自身的发展需要,招收合适的人才。现行的就业制度在更大程度上体现了个体价值和自主价值。

同时,自主择业对学校的专业设置、教学水平和管理水平也是重大的考验。毕业生自主择业,需要依靠实力竞争上岗,而其实力大部分来源于在学校接受的教育和学校的培养。学校的课程设置是否合理和是否符合社会市场需要、学术和教学水平是否具备核心竞争力、教育管理是否严格、校园文化建设是否合理都可以在毕业生的就业过程中得到检验。因此,毕业生的“主动性”可以有力地推动学校的教育教学改革,也可促进学校找到教学改革的正确方向。学校应根据毕业生在社会竞争中的得失、成败等反馈及时调整人才培养方案,提高办学水平和竞争力。在市场经济体制下,用人单位是经济行为的主体,用人单位想在市场中选择需要的人才,也需增强自身的吸引力。

通过以上分析不难看出,目前就业制度正向着更加健康科学的方向发展。

单元三　大学生就业有关规定与基本政策

大学生应了解就业基本政策，关注相关政策文件的更新情况，主动搜集并掌握最新资讯。

一、高校毕业生就业的有关规定

（一）就业见习方面

就业见习是帮助未就业青年积累实践经验、增强就业能力的重要手段。2022 年，国家开始实施百万就业见习岗位募集计划，离校 2 年内未就业高校毕业生、16～24 岁未就业青年可参加 3～12 个月的就业见习，进行岗位实践锻炼，其间由见习单位给予其基本生活费，为其办理人身意外伤害保险。吸纳青年见习的单位，可享受就业见习补贴，用于支付见习人员见习期间基本生活费、对见习人员的指导管理费用，以及为见习人员办理人身意外伤害保险。对见习期未满与见习人员签订劳动合同的，给予见习单位剩余期限见习补贴。

（二）就业服务方面

高校毕业生可通过国家大学生就业服务平台、高校就业网站、国聘招聘平台等国家有关部门、地方和高校的校园招聘等获取政策文件、招聘岗位、服务指南等就业信息。高校毕业生可参加“万企进校园”招聘活动，参加二级院系举办的专而精、小而优的小型招聘会。困难毕业生可在毕业学年申请享受一次性求职创业补贴，还可获得就业援助服务。对确实难以通过市场渠道就业的困难毕业生，可通过公益性岗位兜底安置。

高校毕业生可以前往公共就业人才服务机构进行求职登记和失业登记，提出就业需求，获得岗位信息、职业指导、职业培训、就业见习等就业服务，咨询和申办就业补贴。

小贴士

未就业高校毕业生可以通过下述平台网站，或通过微信、支付宝等 App 登录未就业高校毕业生求职登记小程序，获取公共就业服务。 此外，未就业高校毕业生还可在全国人力资源和社会保障政务服务平台（https://www.12333.gov.cn）在线办理失业登记。

可在以下网站查询招聘信息：

· 国家大学生就业服务平台（https://www.ncss.cn）
· 人力资源和社会保障部官网（http://www.mohrss.gov.cn）
· 国聘招聘平台（https://www.iguopin.com）
· 中智招聘网（https://www.ciiczhaopin.com）
· 中国人力资源市场网（http://chrm.mohrss.gov.cn）
· 中国公共招聘网（http://job.mohrss.gov.cn）
· 中国国家人才网（https://www.newjobs.com.cn）
· 就业在线（https://www.jobonline.cn）
· 团团微就业（http://jiuye.cyol.com/front/login）
· 中国就业网（http://chinajob.mohrss.gov.cn）

（三）就业手续方面

毕业去向登记是毕业生办理离校手续的必要环节，高校毕业生（含结业生）要及时完成毕业去向登记，参与定向就业招生的高校毕业生，要严格按照定向协议就业并登记去向信息。

高校毕业生（含结业生）在离校前要及时注册使用全国高校毕业生毕业去向登记系统（https://dj.ncss.cn），或者省级高校毕业生毕业去向登记系统登记个人毕业去向信息；在离校时统一使用全国高效毕业生毕业去向登记系统对毕业去向信息进行确认,确保信息真实准确。高校毕业生户籍可以迁往就业创业地(超大城市按现有规定执行),也可以迁往入学前户籍所在地。高校毕业生可通过中国高等教育学生信息网(https://www.chsi.com.cn)查询和验证学历、学位信息。高校毕业生本人授权同意后,户籍和档案接收管理部门可通过全国高校毕业生毕业去向登记系统查询核验毕业生离校时相应去向信息。

小贴士

自2023年起，不再发放《全国普通高等学校本专科毕业生就业报到证》和《全国毕业研究生就业报到证》（统称就业报到证），取消就业报到证补办、改派手续，不再将就业报到证作为办理高校毕业生招聘录用、落户、档案接收转递等手续的必需材料。

二、毕业生就业基本政策

为了更好地助力高校毕业生顺利踏入社会,实现高质量充分就业,各地各部门积极行动,将一系列扶持政策深入落实到企业、校园和基层。这些政策包括但不限于助学补助、惠民政策、就业补助等,各项政策形成合力,千方百计促进高校毕业生实现高质量充分就业。

(一)企业吸纳有激励

企业是高校毕业生就业的主阵地。企业招用毕业年度或离校2年内未就业高校毕业生、登记失业的16~24岁青年,可享受一次性吸纳就业补贴。企业招用离校2年内未就业普通高校毕业生、登记失业的16~24岁青年,可享受一次性扩岗补助。一次性扩岗补助和一次性吸纳就业补贴不能重复享受。对招用登记失业半年以上的高校毕业生的企业,可予以定额依次扣减增值税、城市维护建设税、教育费附加、地方教育附加和企业所得税优惠。小微企业(含社会组织)招用离校2年内未就业高校毕业生,可享受社会保险补贴。小微企业当年新招用高校毕业生等符合条件人数达到一定比例的,可申请最高300万元的创业担保贷款,并享受财政贴息。高校毕业生到中小微企业就业的，在职称评定、项目申请、荣誉申报时享受与国有企事业单位同类人员同等待遇。对扩大高校毕业生招聘需求，符合相关规定的国有企业，经履行出资人职责的机构或其他企业主管部门同意，统筹考虑企业招聘高校毕业生人数、自然减员情况和现有职工工资水平等因素，可给予一次性增人增资。

（二）基层就业天地广

高校毕业生基层就业是其施展才华、成长成才的重要渠道，也是全面推进乡村振兴的重要助力。高校毕业生到基层就业，可享受学费补偿和助学贷款代偿，高定工资档次，放宽职称评审条件。高校毕业生还可参加“三支一扶”（支教、支农、支医和帮扶乡村振兴）计划、农村教师“特岗计划”、大学生志愿服务西部计划等基层服务项目，服务期满后可享受考研加分、公务员定向招录、事业单位专项招聘等优惠政策。

（三）自主创业有支持

高校毕业生富有想象力和激情，是创业创新的有生力量。近年来国家大力推进创业创新，为高校毕业生创业营造了良好环境。高校毕业生自主创业可参加创业培训，申请培训补贴；可得到资金支持，免除有关行政事业性收费，享受税收优惠政策，申请一次性创业补贴，申请最高 20 万元的创业担保贷款，并享受财政贴息，合伙创业的还可适当提高贷款额度；可在公共创业服务机构享受创业服务，获得咨询辅导、政策落实、融资服务等服务，政府投资开发的孵化基地等创业载体还会安排一定比例场地，免费提供给高校毕业生。

（四）能力提升有培训

职业培训是增强高校毕业生就业创业能力的重要渠道。国家实施青年专项技能提升行动，高校毕业生可根据自身情况参加青年学徒培养、技能研修、创业培训、新职业培训、职业技能竞赛等，提升技术技能，并按规定享受职业培训补贴。培训后通过初次职业技能鉴定并取得职业资格证书的，还可享受职业技能鉴定补贴。

教育部实施“中央专项彩票公益金宏志助航计划”，通过深入开展线上线下集中培训，帮助重点群体毕业生增强就业信心、提高综合素质和就业能力。

(线上培训平台网址:https://hzzh.chsi.com.cn)

(五)参军入伍有保障

人民军队是淬炼青年学生的大熔炉。高校应届毕业生和在校生可在学校所在地应征入伍,也可在入学前户籍所在地应征入伍(报名网址:全国征兵网https://www.gfbzb.gov.cn)。高校毕业生应征入伍服义务兵役,享有优先报名应征、优先体检政审、优先审批定兵、优先安排使用"四个优先"政策,还享受优先选拔使用、学费补偿和国家助学贷款代偿、退役后考学升学优惠、就业服务等政策,其家庭按规定享受军属待遇。

拓展阅读

高校毕业生,就业创业可领这些补贴!

1. 职业培训补贴和职业技能鉴定补贴

对参加就业技能培训和创业培训的毕业年度高校毕业生,培训后取得职业资格证书(或职业技能等级证书、专项职业能力证书、培训合格证书)的,给予一定标准的职业培训补贴。

参加培训的高校毕业生向当地人社部门提供基本身份类证明(包括身份证、就业创业证、就业失业登记证、社会保障卡,政策申办对象根据实际情况选择其一提供即可)原件或复印件、培训机构开具的税务发票(或行政事业性收费票据)等材料。人社部门审核后,将培训补贴支付到申请者本人社会保障卡银行账户(或其他银行账户,由申请者自主选择)或个人信用账户。

对通过初次职业技能鉴定并取得职业资格证书(不含培训合格证)的毕业年度高校毕业生,给予职业技能鉴定补贴。

高校毕业生向当地人社部门提供基本身份类证明原件或复印件、职业技能鉴定机构开具的税务发票(或行政事业性收费票据)等材料。人社部门审核后,将补贴资金支付到申请者本人社会保障卡银行账户。

2. 社会保险补贴

小微企业招用离校2年内未就业高校毕业生,与之签订1年以上劳动合同并为其缴纳社会保险费的,按其为高校毕业生实际缴纳的社会保险费给予补贴,不包括个人缴纳部分,期限最长不超过1年。

社会保险补贴实行"先缴后补"。招用高校毕业生的小微企业申请社会保险补贴,向当地人社部门提供招用的高校毕业生的基本身份类证明(或毕业证书)复印件、劳动合同复印件等材料。人社部门审核后,将补贴资金支付到单位银行账户。

对离校2年内未就业高校毕业生灵活就业后缴纳的社会保险费,给予一定数额的社会保险补贴,补贴标准原则上不超过其实际缴费的2/3,补贴期限最长不超过2年。

灵活就业的高校毕业生,向当地人社部门提供基本身份类证明原件或复印件、灵活就业证明材料等。

人社部门审核后，将补贴资金支付到申请者本人社会保障卡银行账户。

3. 一次性创业补贴

有条件的地区，对首次创办小微企业或从事个体经营，且创办的企业（或个体工商户）自工商登记注册之日起正常运营 1 年以上的离校 2 年内高校毕业生，给予一次性创业补贴。

补贴标准和申领流程由各省级人社、财政部门确定。符合条件的高校毕业生可以去当地人社部门申请。

（资料来源：人力资源和社会保障部官方微信公众号）

单元四　大学生就业权益与保障

大学生的就业权益被侵犯的事件时有发生,为更好地维护就业权益,大学生需要了解就业权益的相关概念和内容。

一、就业权益的内涵

在社会主义市场经济体制更加完善的今天,大学生在就业过程中享有哪些权益?大学生的就业权益如何维护?大学生如何在就业中行使自己的权利和履行自己的义务?在就业权益受到损害时,如何运用法律维护自己的合法权益?这就要求首先必须明确就业权益的内涵。

就业权益是指劳动者在就业过程中拥有的权利和应该获得的利益。就业权益是一种合法的权益,劳动者在国家法律允许的范围内实现的就业及其权益应当受到法律保护。众所周知,任何权益和责任与义务都是联系在一起的,权利、责任、义务是对等的。劳动者的就业权益和劳动者的就业责任、就业义务也是相互联系的。《中华人民共和国宪法》第四十二条规定:"中华人民共和国公民有劳动的权利和义务。国家通过各种途径,创造劳动就业条件,加强劳动保护,改善劳动条件,并在发展生产的基础上,提高劳动报酬和福利待遇。……国家对就业前的公民进行必要的劳动就业训练。"

二、就业权益的内容

大学毕业生作为就业的一个重要的主体,在就业过程中享有诸多的权益。根据目前国家相关法律法规的规定,大学毕业生在就业过程中享有的权利以及用人单位给予大学毕业生的主要权益表现在以下几个方面。

(一)获取就业信息权

获取就业信息权是指毕业生拥有及时全面获得各种应该公开的就业信息的权利。就业信息是毕业生择业成功的前提和关键,只有在充分获得信息的基础上,才能结合自身情况选择适合自身发展的职业。这里讲的毕业生获取就业信息权包含以下三个方面的含义:一是信息公开,即所有用人信息面向全体毕业生公开。二是信息及时,即毕业生获取的信息必须是及时有效的,而不是过期的、无价值的信息。三是信息全面,即毕业生有权获取准确、全面的就业信息,用人单位不能仅公开符合自身要求或利益的内容。这样才能让毕业生对用人单位有全面的了解,做出符合自身发展的选择。

(二)接受就业指导权

接受就业指导权是指毕业生拥有从国家、社会、学校获得及时、有效的就业指导与就业信息服务的权利。就业指导工作会直接影响毕业生的就业方向、就业能力、就业意识、就业技巧等。《中华人民共和国高等教育法》规定:“高等学校应当为毕业生、结业生提供就业指导和服务。”因此,现在各高校都成立了专门的就业创业指导中心,安排专门人员对毕业生进行就业创业指导,包括向毕业生宣传国家关于毕业生就业的方针、政策,对毕业生进行择业技巧的指导,引导毕业生根据国家和社会需要,结合个人实际情况进行就业和择业,使毕业生通过接受就业指导,掌握相关的知识和技能,准确定位,合理择业。

(三)被推荐就业权

被推荐就业权是高校毕业生拥有被高校如实、公正、及时推荐到用人单位就业的权利。虽然现在国家的就业政策规定自主择业,但一些用人单位基于对学校的信任,为了提高招聘效率和招聘质量,会要求高校向其推荐优秀的毕业生。因此,学校在就业工作中的一个重要职责就是向用人单位推荐毕业生。历年工作经验证明,学校的推荐往往在较大程度上影响用人单位对毕业生的选用。

(四)就业自主选择权

就业自主选择权是指在国家就业方针、政策的指导下,毕业生有按照自己的意愿选择职业的权利。根据国家有关规定,毕业生在国家就业方针、政策指导下自主择业。毕业生只要符合国家的就业方针、政策,就可以自主地选择用人单位,学校、其他单位和个人均不得干涉。任何个人或者组织强令毕业生到某单位就业的行为就是侵犯毕业生的就业自主选择权的行为。这充分体现了毕业生在人才市场自主就业择业的权利。

(五)公平待遇权

用人单位录用毕业生的过程中,应公平、公正,毕业生在就业过程中应享有公平待遇权。但在当前的就业环境中,毕业生的公平待遇权受到很大的挑战,这也是广大毕业生比较关注和担忧的一个问题。由于各项配套措施滞后,完全开放、公平的就业市场尚未真正形成,用人单位录用毕业生还存在不同程度的不公平、不公正现象,如性别歧视、关系就业、地域限制等。因此,公平待遇权也是目前广大毕业生迫切需要得到维护的权益。

(六)违约求偿权

违约求偿权是指高校毕业生在与用人单位签订就业协议后,如果用人单位无故违约或解约,毕业生拥有要求用人单位进行相应赔偿的权利。毕业生、用人单位、学校三方签订协议后,任何一方不得擅自毁约。如用人单位无故要求解约,毕业生有权要求对方严格履行就业协议,签订劳动合同,否则用人单位应承担违约责任,毕业生有权要求用人单位对其进行补偿。

三、就业权益的保障

(一)就业协议与劳动合同

1. 就业协议书的概念

“就业协议书”是“全国普通高等学校毕业生就业协议书”的简称,通常被称为“三方协议”,是普通高等学校毕业生和用人单位在正式确立劳动人事关系前,经双向选择,在规定期限内确立就业关系、明确双方权利和义务的书面协议,是用人单位确认毕业生相关信息真实可靠以及接收毕业生的重要凭据,也是高校进行毕业生就业管理、编制就业方案以及毕业生办理就业落户手续等有关事项的重要依据。毕业生到就业单位报到时,三方协议自动终止。就业协议书一般由教育部或各省、自治区、直辖市就业主管部门统一制表。三方协议不是劳动合同而是意向合同，不受劳动法调整而受民法调整。就业协议书示例如下图。

按《普通高等学校毕业生就业工作暂行规定》的要求，为维护国家就业计划的严肃性，明确毕业生、用人单位、学校三方在毕业生就业工作中的权利和义务，经协商，毕业生、用人单位、学校三方签订如下协议：

一、毕业生应按国家规定就业，向用人单位如实介绍自己的情况，了解单位的使用意图，表明自己的就业意见，在规定的时间内到用人单位报到，若遇到特殊情况不能按时报到，需征得用人单位同意。

二、用人单位要如实介绍本单位的情况，明确对毕业生的要求及使用意图，做好各项接收工作。凡取得毕业资格的毕业生，用人单位不得以学习成绩为由提出违约，未取得毕业资格的结业生，本协议无效。

三、学校要如实向用人单位介绍毕业生的情况，做好推荐工作，用人单位同意录用后，经学校审核列入建议就业计划，报教育部批准，学校负责办理派遣手续。

四、学校应在学生毕业前安排体检，不合格者不派遣，本协议自行取消，由学校通知用人单位。如用人单位对毕业生身体条件有特殊要求，原则上应在签订协议前进行单独体检，否则，以学校体检为准。

五、毕业生、用人单位、学校三方如有其他约定，应在备注栏注明，并视为本协议的一部分。

六、本协议经各方签字、盖章后生效。三方都应严格履行本协议，若有一方提出变更协议，须征得另两方同意，由违约方承担违约责任。

七、本协议一式三份，毕业生、用人单位、学校各执一份，复印无效。

毕业生情况及意见	姓名		性别		年龄		民族	
	政治面貌		培养方式		健康情况			
	专业		学制		学历			
	家庭地址							
	应聘意见： 毕业生签名：　年　月　日							
用人单位情况及意见	单位名称		单位隶属					
	联系人		联系电话		邮政编码			
	通讯地址		所有制性质	全民、集体、合资、其他				
	单位性质	党政机关、科研事业单位、学校、商贸公司、厂矿企业、部队、其他						
	档案转寄详细地址							
	用人单位意见： 签章 年　月　日				用人单位上级主管部门意见： （有用人自主权的单位此栏可略） 签章 年　月　日			
学校意见	学校联系人		联系电话		邮政编码			
	学校通讯地址							
	院（系、所）意见： 签章 年　月　日				学校毕业生就业部门意见： 签章 年　月　日			

2019年4月28日，教育部办公厅印发《关于进一步加强高校毕业生就业状况统计核查工作的通知》（教学厅函〔2019〕22号），要求各高校严格执行“四不准”规定，即不准以任何方式强迫毕业生签订就业协议和劳动合同，不准将毕业证书、学位证书发放与毕业生签约挂钩，不准以户档托管为由劝说毕业生签订虚假就业协议，不准将毕业生顶岗实习、见习证明材料作为就业证明材料。

2. 就业协议书的内容

就业协议书的主要内容如下：

（1）高校毕业生基本情况，包括姓名、性别、身份证号、专业、学制、毕业时间、学历、联系方式等。

（2）用人单位基本情况，包括单位名称、组织机构代码、单位性质、联系人及联系方式、档案接收地址等。

（3）高校毕业生和用人单位约定的有关内容，可包括工作地点及工作岗位、违约责任、双方约定的其他事宜。

（4）任何一方若违反协议，应承担相应的违约责任。

（5）其他补充协议。

毕业生应按国家法律法规就业，向用人单位如实介绍自己的情况，了解用人单位的用人意图，表明自己的就业意见，在规定的时间内到用人单位报到，若遇到特殊情况不能按时报到，需征得用人单位同意。用人单位要如实介绍单位的情况，明确对毕业生的要求及用人意图，做好各项接收工作等。

3. 劳动合同的内容

劳动合同的内容可分为两部分，一是必备条款，二是协商约定的内容。必备条款就是合同中必须具备的条款，若缺少其中任一，此合同都将被视为无效合同。《劳动法》第十九条规定了劳动合同的法定形式是书面形式，并须具备以下 7 个条款：①劳动合同期限。②工作内容。③劳动保护和劳动条件。④劳动报酬。⑤劳动纪律。⑥劳动合同终止的条件。⑦违反劳动合同的责任。按照法律规定，用人单位与劳动者订立的劳动合同除必须具备上述 7 项条款外，当事人可以协商约定其他内容，一般将其简称为协商条款或约定条款。

劳 动 合 同

（通 用）

甲方（用人单位）：____________________

乙方（劳 动 者）：____________________

签 订 日 期：________年____月____日

约定条款的内容是在国家法律规定不明确,或者国家尚无相关法律规定的情况下,用人单位与劳动者根据双方的实际情况协商约定的一些随机性的条款。当然,这些约定条款有效的前提是不能违反国家法律的规定。劳动行政部门印制的劳动合同样本,一般会将必备条款写得很具体,同时留出一定的空白由双方约定一些具体内容,例如可以约定试用期、培训、保守用人单位商业秘密、补充保险和福利待遇以及其他经双方当事人协商一致的事项等。随着社会的发展、法律制度的完善,人们的法律意识、合同观念越来越强,劳动合同中的约定条款也越来越多,这是劳动合同质量提高的一个重要体现。

4.就业协议与劳动合同的区别

就业协议是毕业生与用人单位确立劳动关系、明确双方在毕业生就业工作中权利和义务的协议。教育部颁布的《普通高等学校毕业生就业工作暂行规定》要求:“经供需见面和双向选择后,毕业生、用人单位和高等学校应当签订毕业生就业协议书,作为制定就业计划和派遣的依据。”《劳动法》第十六条规定:“劳动合同是劳动者与用人单位确立劳动关系、明确双方权利和义务的协议。建立劳动关系应当订立劳动合同。”两者的主要区别包括以下几个方面。

(1)适用的法律法规不同

国务院没有颁布有关毕业生就业方面的法规,因此就业协议适用教育部颁布的《普通高等学校毕业生就业工作暂行规定》和有关政策。劳动合同适用《劳动法》、《中华人民共和国劳动合同法》(简称《劳动合同法》)及劳动人事部门颁布的有关劳动人事方面的规章。

(2)适用主体不同

就业协议目前除需毕业生与用人单位双方签字、盖章外,还需学校作为见证人参与。即就业协议的主体是毕业生、用人单位和学校三方。劳动合同是劳动者与用人单位之间确立劳动关系的协议,只要双方当事人协商一致,符合国家的法律、法规、政策,无欺诈、胁迫等手段,经双方签字盖章,合同即生效。即劳动合同只有劳动者和用人单位两个主体。

(3)内容不同

就业协议的条款比较简单,主要是毕业生如实向用人单位介绍自身情况,愿意在规定期限内到用人单位报到;用人单位如实向毕业生介绍本单位情况,同意录用该毕业生;等等。劳动合同内容依据《劳动合同法》的规定,比较详细,必须明确劳动合同期限、工作内容、劳动保护和劳动条件、劳动报酬、劳动纪律、劳动合同终止的条件、违反劳动合同的责任7个必备条款。缺少其中任何一个,此合同都是无效合同。

(4)适用的人员不同

就业协议只适用于高校毕业生,而劳动合同适用于各类人员,即凡是中华人民共和国公民,只要有劳动能力并符合法律规定的条件,经过供需见面,双向选择,一经录用都可以与用人单位签订劳动合同。

(5)签订时间不同

一般来说,就业协议是在大学生毕业离校前签订的,如果毕业生与用人单位在工资待遇、住房等方面事先有约定,可以在就业协议的约定条款中注明、附后补充,日后订立劳动合同时对此约定内容应予以认可。而劳动合同是在大学生毕业到用人单位报到后订立的。

(6)效力不同

就业协议的效力始于签订之日,终于毕业生与用人单位签订劳动合同之时。劳动合同的有效期,是劳动者与用人单位以合同方式确定的,除法律规定的情形外,双方不得随意变更、中止。

(二)劳动争议的处理

劳动争议是社会生活中经常发生的一类纠纷,发生劳动争议如何解决呢?争议处理程序是专门处理劳动争议的程序。根据劳动争议的特点,处理劳动争议不采用处理一般民事纠纷的程序,而是采用行政程序和诉讼程序相结合的特别程序。《劳动法》第七十七条规定:“用人单位与劳动者发生劳动争议,当事人可以依法申请调解、仲裁、提起诉讼,也可以协商解决。调解原则适用于仲裁和诉讼程序。”根据上述规定,劳动者与用人单位可以选择下列程序解决劳动争议。发生劳动争议后,当事人可以向行政部门投诉,或向相关调解组织申请调解。自劳动争议调解组织收到调解申请之日起15日内未达成调解协议的,当事人可以向劳动仲裁机构申请仲裁。达成调解协议后,一方在协议约定期限内不履行调解协议的,另一方当事人也可以依法申请仲裁。此外,当事人也可以直接向劳动仲裁机构申请仲裁。

1. 协商程序

协商是指劳动者与用人单位就争议的问题直接进行商议,寻找解决纠纷的具体方案。与其他纠纷不同的是，劳动争议的当事人一方为单位，一方为单位职工，因双方已经发生一定的劳动关系，彼此之间有所了解，故双方发生纠纷后最好先协商，通过自愿达成协议来消除隔阂。但是，协商程序不是处理劳动争议的必经程序。双方可以协商，也可以不协商，完全出于自愿，不受任何人强迫。

2. 申请调解

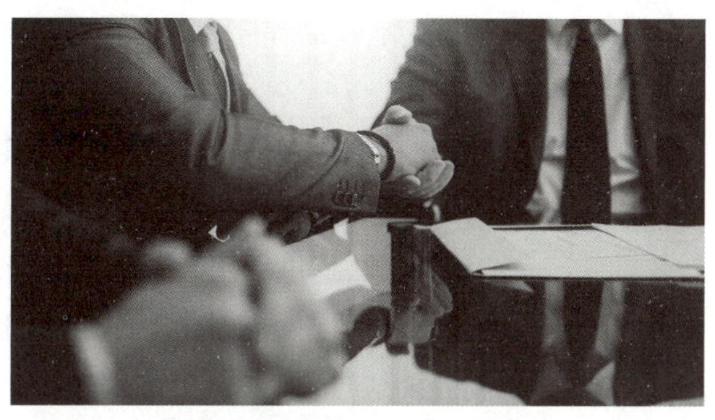

调解程序是指劳动争议的一方当事人就已经发生的劳动争议向劳动争议调解委员会申请调解的程序。《劳动法》第八十条规定："在用人单位内，可以设立劳动争议调解委员会。劳动争议调解委员会由职工代表、用人单位代表和工会代表组成。"他们既具有法律知识、政策水平和实际工作能力，又了解本单位具体情况，有利于解决纠纷。除因签订、履行集体劳动合同发生的争议外，其余均可由用人单位内劳动争议调解委员会调解。但是，与协商程序一样，调解程序也由当事人自愿选择，且调解协议不具有强制执行力，如果一方反悔，同样可以向仲裁机构申请仲裁。

3. 仲裁程序

仲裁程序是劳动争议的一方当事人将争议提交劳动争议仲裁委员会进行处理的程序。该程序既具有劳动争议调解灵活、快捷的特点，又具有强制执行的效力，是解决劳动争议的一个重要手段。劳动争议仲裁委员会是国家授权、依法独立处理劳动争议案件的专门机构。申请劳动仲裁是解决劳动争议的选择之一，也是提起诉讼的前置程序，即如果想提起诉讼打劳动官司，必须经过仲裁，而不能直接向人民法院起诉。

《劳动争议调解仲裁法》第二十七条规定："劳动争议申请仲裁的时效期间为一年。仲裁时效期间从当事人知道或者应当知道其权利被侵害之日起计算。……劳动关系存续期间因拖欠劳动报酬发生争议的，劳动者申请仲裁不受本条第一款规定的仲裁时效期间的限制；但是，劳动关系终止的，应当自劳动关系终止之日起一年内提出。"

4. 诉讼程序

《劳动法》第八十三条规定:“劳动争议当事人对仲裁裁决不服的,可以自收到仲裁裁决书之日起十五日内向人民法院提起诉讼。一方当事人在法定期限内不起诉又不履行仲裁裁决的,另一方当事人可以申请人民法院强制执行。”诉讼程序是由不服劳动争议仲裁委员会裁决的一方当事人向人民法院提起诉讼后启动的程序。诉讼程序具有较强的法律性、程序性,做出的判决也具有强制执行力。

为解决有些证据由用人单位掌管,劳动者无法提供的问题,《中华人民共和国劳动争议调解仲裁法》(简称《劳动争议调解仲裁法》)第三十九条规定:“劳动者无法提供由用人单位掌握管理的与仲裁请求有关的证据,仲裁庭可以要求用人单位在指定期限内提供。用人单位在指定期限内不提供的,应当承担不利后果。”

《劳动合同法》第七条规定:“用人单位自用工之日起即与劳动者建立劳动关系。”《劳动合同法》第十条规定:“建立劳动关系,应当订立书面劳动合同。已建立劳动关系,未同时订立劳动合同的,应当自用工之日起一个月内订立书面劳动合同。”这一规定改变了以往以签订劳动合同作为建立劳动关系标志的做法,而以用工事实发生确定劳动关系的起始时间。因此,只要企业用工开始,即认为劳动者与企业已经确定了劳动关系,不管双方是否签订书面劳动合同,劳动者都应享受正式员工的待遇。

实习期是大学生提高工作能力和适应社会环境的关键时期。但是在这个关键时期,一些大学生会受到不同程度的“侵权”,如有的企业把实习期的大学生当作廉价劳工,在实习期结束前以各种理由将其生辞退。而一些大学生法律意识不强、法律知识不够丰富,往往不能主动维护自己的权利。所以要维护大学生的就业权利就要认定大学生劳动者的主体资格,这不仅是对大学生劳动者合法权益的保护,而且对推动我国法治的进步也具有十分重要的意义。

小贴士

教育部等八部门对 2016 年印发实施的《职业学校学生实习管理规定》进行了修订，于 2022 年 1 月发布了新版《职业学校学生实习管理规定》，进一步明确了学生实习的行为准则，为实习管理划定了“红线”，针对实习内容专业不对口、强制实习、收费实习等问题，提出 1 个“严禁”、27 个“不得”，并有针对性地明确了处理规定。

□实训演练

模拟就业指导中心

一、背景介绍

随着高校毕业生人数逐年增加，就业形势日益严峻。学校决定成立"就业指导中心"，邀请企业人力资源专员、优秀校友等各界人士参与，全方位帮助毕业生了解就业形势，掌握相关政策，提高就业能力。

二、角色分工

就业指导老师2名：负责介绍就业形势、解读就业政策，指导毕业生制订职业规划。

人力资源专员3名：来自不同行业的企业招聘者，负责提出用人需求，考查应聘者的综合素质。

优秀校友2名：分享求职经验，讲解如何从国家政策中把握机遇，提高自身竞争力。

毕业生若干名：准备简历，模拟求职过程，接受面试官的提问。

三、活动流程

(1)就业指导老师介绍当前就业形势，重点分析毕业生面临的机遇与挑战，讲解国家出台的各项就业扶持政策。

(2)优秀校友分享求职经验，讲解如何从国家政策中把握机遇，提高自身竞争力。毕业生提问互动。

(3)毕业生分组讨论如何顺应时代需求，找准自身定位，制订求职策略。分组派代表分享讨论结果。

(4)人力资源专员介绍不同行业的招聘需求和用人标准，点评各组讨论结果。

(5)毕业生提交准备好的简历，分别进行模拟面试，就业指导老师、人才资源专员和优秀校友给出评价和指导。

(6)就业指导老师引导大家畅想十年后的就业环境，前瞻性地分析未来社会需要什么样的人才。

（7）毕业生根据前面的讨论和点评，结合自身特点和兴趣，制订未来职业发展规划，并自制“职业生涯规划书”。

（8）师生共同总结本次活动的收获，并对活动形式提出改进建议。

□思考与讨论

1. 近年来大学生就业的基本形势呈现哪些特点？

2. 新时代背景下大学生就业环境有哪些新的变化？

3. 了解师兄师姐们毕业后都去向何方。

4. 请想办法收集本专业近三年毕业生的去向情况，并分类统计。根据统计数据分析本专业的就业走向。参考分类：考研深造、公招就业（如公务员、选调生、公办学校教师等事业单位就业）、企业（如国企、外企、私企等）就业、自主创业等。

5. 阅读下面的案例，展开思考与讨论。

三个大学生的就业故事：“我到基层写未来”

又到一年的毕业时刻，面对就业的抉择，你会考虑走向基层吗？越来越多的大学毕业生选择投身基层，深入“成长的沃土”，在扶贫一线、在田野之间、在小微企业中付出汗水，为青春留下独特的印记。

故事一：扎根基层，展现实力

A同学是某知名大学的优秀毕业生。去年，他毕业后选择到西部某县城的政府部门工作，主要负责扶贫工作。尽管有许多人不理解他的选择，但他坚信在基层能够有更大的发展空间。他表示：“在这里，我能够真正地为这片土地和这里的人民做些贡献。”

故事二：回乡创业，点燃希望

B同学从农学院毕业后，决定回到她的家乡，一个位于高海拔地区的小山村。面对村里的贫困和农作物销售困境，她决定引进新品种的辣椒进行种植。在家人的支持下，她成功地流转了土地并开始试种。第一年，她的辣椒种植就取得了显著的成效，为村民带来了新的收入来源。

故事三：在小微企业，放飞梦想

C同学曾留学海外，但他毕业后并没有选择进入大企业工作，相反，他被一家初创企业的创新项目吸引，决定加入这个团队。在这家小微企业中，他有机会参与公司的各项事务，得到了全面的锻炼。两年后，他已经成为这家公司的分公司总经理。

案例来源：人民日报《我到基层写未来(倾听)——三个大学生的就业故事》，有删改。

请思考并讨论：

(1)你如何看待A同学选择到基层工作的决定?

(2)你认为基层工作对大学生的个人发展有哪些积极影响?

(3)B同学的创业成功给你带来了哪些启示?

(4)你认为大学生在乡村振兴中可以扮演哪些角色?

(5)你如何看待C同学选择加入小微企业的决定?

(6)你认为小微企业在人才培养方面有哪些优势?

模块二　职业规划

案例导入

理想之旅,不忘初心

通过高考,同学们来到了大学。高中学习的目标似乎就是“考上大学”,这个目标曾经激励着同学们刻苦努力。而今,这个目标已经成为过去,面对未来,同学们需要有新的目标来指引自己的行动。现在,请认真思考你为什么要上大学,通过大学阶段的学习,你要实现的目标有:

1. ______________________________

2. ______________________________

3. ______________________________

以下问题,可以帮助同学们探索自己的人生理想与目标:

很小很小的时候,我的理想是:______________________

天真烂漫的小学阶段,我的理想是:______________________

初中的花季雨季里,我的理想是:______________________

高中的激情岁月里,我的理想是:______________________

现在,来到大学,我的理想是:______________________

学习目标

1. 深入分析所学专业与未来职业发展的关联,明确专业优势及其在职业领域中的应用价值;

2. 树立正确的职业发展态度与信念;

3. 掌握职业规划的基本框架和步骤,能够根据自身情况制订合理、可行的职业规划。

单元一 职业认知

一、职业概述

对大多数大学生来说，职业是一个“万花筒”，他们对职业有一些了解，但却是片面的。有的人认为，职业就是“某一种工作”，如医生、教师、律师等；有的人认为，职业是一种生活来源；有的人则认为职业是一种专业类别或是一种“等级身份”。对职业的各种认识主要源于社会以及家庭教育，我国的当代大学生从小学到大学更关注如何应试，这使得他们对于职业了解得并不全面。

一般可以从社会学和个人两个角度来认识职业。从社会学的角度来看，职业是一种社会现象，是指人们为了谋生和发展而从事的相对稳定的、有收入的、专门类型的社会劳动。随着人类社会的不断进步和发展，特别是社会分工越来越精细，职业也在不断发展，各种新兴职业的数量逐年增长，同时，一些职业伴随时代的变迁逐步退出人类社会舞台。从个人角度而言，职业是个人扮演的一系列工作角色。对大学生而言，就业意味着要从学生角色转换到职业角色。同时，对于初次就业的大学生而言，就业也是解决个人生存问题的一种手段，是大学生走进社会的重要表现。

因此，可以认为，职业是指有劳动能力的人为了谋生和发展，通过发挥自己的能力和专长而从事的相对稳定、有经济收入、特定类别的社会劳动。它包括三层含义：首先，从事职业的目的是谋生和发展，所以在择业时不仅要考虑薪金的多少还要考虑将来如何发展;其次,选择职业时要用到自己的专业特长,大学生为了找到更好的职业必须有一定的专业知识和技术能力,只有这样才能够在竞争日益激烈的人才市场上拥有竞争力;最后,职业是相对稳定的而不是绝对稳定的,且有特定的类别,这就要求大学生择业时一定要选准与自己能力、兴趣和价值观相匹配的职业类型,最好在第一次就业时就选准,如若不行,可以考虑在工作前期通过转岗和换行等行为进行自我调整,直至最终找准自己的职业定位。

二、职业发展概述

随着社会经济的快速发展,社会分工越来越精细,职业的发展趋势日新月异,职业发展的内涵、形式、特征等也发生了一定的变化。职业发展的成功与否,直接影响人生价值能否得到充分的体现。大学生了解职业发展的变化情况,对于他们树立正确的择业观念,科学合理地规划个人职业发展,切合实际地选择职业具有重要的现实意义。

职业发展是组织用来帮助员工获取目前及将来工作所需的技能、知识的一种方法,也是个人为逐步实现其职业生涯目标和工作理想,而不断制订、实施新目标的过程。职业发展又称为职业生涯,是由一个人在一生中所担任的一连串工作职务构成的连续过程,与组织关联密切,是个人与组织的共同追求。

一个人职业发展的形式可以是多种多样的,但主要分为职务变动发展和非职务变动发展两种基本类型。

(一)职务变动发展

职务变动发展包括职务晋升与平行调动两种形式。职务晋升是职业发展的常见形式,通常被认为是一个人职业成功的标志,它也是职业主体劳动效率的动机来源,它能提高劳动者在工作中的积极性,促使劳动者在其职业活动中创造出更好的工作业绩,尤其是对初涉职场的新人,效果更为明显。平行调动就是职业主体在同一级别上的职务调动,尽管职务没有提升,但常常可以满足一个人职业生涯发展的需要,因为其可以在一个新岗位上学到更多的知识、经验和技能,为个人提供了更大的发展空间,并为将来的晋升做准备。

（二）非职务变动发展

非职务变动发展也是个人职业发展的重要形式之一，特别是在个人晋升空间较小的情况下，非职务变动发展在一定程度上满足了个人追求职业生涯成功的需求。尤其是对于那些组织机构扁平化、上层管理机构不断削减的单位和部门而言，非职务变动发展已经成为个人晋升的代名词。换言之，中层工作人员的职业发展主要是非职务变动发展，也就是我们通常说的轮岗和换岗。

随着职场日新月异，非职务变动发展越来越成为职业发展的重要形式。为适应激烈的市场竞争，许多组织正经历着收缩、优化、重组、外包的变化，不得不削减管理层的空间，这使越来越多的组织机构呈现扁平化特征。在此情况下，由于没有更多高一级职位的空缺，为了留住有才干的员工，组织上往往会通过发展员工现有职务“责权利”的方法，让他们“在原地生长”，使其职业生涯得到发展。例如，某公司成立之初，一位女职员的主要职责只是回复电话、安排接待事宜以及为各类工作组提供基本的服务，然而随着公司规模的扩大，她的职位虽然没有变化，但其工作内容却越来越丰富且复杂化，包括组织招聘、各类会议和庆典活动，甚至还一手创办了公司的内部网络时事通信平台。

三、职业发展的途径

为了确保个人职业发展顺利，实现自我职业成长，大学毕业生应注意保持对目标的不懈追求、对工作的积极投入，并不断提升自身职业素养。

（一）明确目标，不懈追求

每个人都有自己的职业目标，职业目标是大学毕业生对自己期望的职业成功的追求。有什么样的职业目标，就会有什么样的奋斗历程。

目标给人指明了前进的方向，不停地鞭策着、激励着人们，使人获得精神鼓舞；目标是每个人坚持努力的动力源泉，促使并引导着人们不懈地坚持下去；目标给人美好的愿景，激发出高度的工作激情和生活热情，使人不会迷失奋斗方向。

在追求目标的途中，难免会遭遇一些挫折和困难，要有不怕困难的精神，勇于面对挫折，敢于接受挑战；要做好充分的思想准备，从精神上到行动上都要斗志昂扬，并坚持到底。

坚持不懈是对个性的执着，对自己品格的肯定和坚持，只有坚持不懈，才能取得最终的胜利。有的人在职业发展的道路上，被荆棘和坎坷所阻挡，被迫放弃而前功尽弃；而有的人选择坚持，知难而进，经过勤奋不息的辛苦付出，收获累累硕果。

（二）积极投入，拒绝倦怠

工作投入是心理上对工作的认同，并将工作绩效视为个人价值的反映。工作投入与工作倦怠是个人与工作情景相匹配的两极，个人与工作情景之间匹配得越好，个人就越能够顺利地胜任工作，对工作的投入度就越高。当工作投入度较高时，个体会将自己的精力投入角色行为中，并在角色中展现自我；相反，当工作投入度较低时，个体则会将自我抽离于工作角色之外，以避免创造出工作角色需要的绩效，并有可能产生离职意愿。工作投入主要涉及高活跃程度、高度奉献和精力集中三个方面。

1. 高活跃程度

高活跃程度是指个体在工作时工作状态良好，精力充沛，当出现困难时能够积极应对，保证将工作任务按时完成。

2. 高度奉献

高度奉献是一种对工作的高度投入状态，个体具有特定的认知和信念，具有强烈的工作自豪感和饱满的工作热情，经常伴随灵感的迸发。

3. 精力集中

精力集中表现为个体将所有的精力和注意力都集中在自己的工作上，并以此为乐，完全投入工作的一种状态。

工作投入能够使员工加强对工作绩效的强烈责任感和承诺意愿，促使员工加倍努力工作，创造更多的绩效。

(三)努力提升自身职业素养

判断一个人有没有能力,不是看他的学历有多高、掌握了多少知识,而是看他在从事某一种职业活动时表现出来的素养。现在,许多企业已经把职业素养作为对员工进行评价的重要指标,职场上的竞争,说到底就是个人职业素养的竞争。

只有具有良好职业素养的大学毕业生,才能在工作岗位上更好地发挥潜能,不断进取;才能有长远的眼光,做到顾全大局,在追逐个人价值的过程中也重视对社会价值的追求,进而在职场中找到属于自己的一片天地,更好地服务社会,实现自我价值。

单元二 自我认知

一、自我认知概述

自我认知是职业生涯规划的基础,大学生职业生涯规划与发展成功的前提是学会自我认知。

(一)自我认知的内涵

“自我”是指一个人对自己多方面知觉的总和,包括对个人的一系列认识和评价:对自己性格、能力、兴趣、欲望的了解;与别人以及环境的关系;处理事务的经验;生活的目标;等等。

自我认知是指对自己的洞察和理解,包括自我观察与自我评价。自我观察是指对自己在感知、思维、意向等方面的觉察;自我评价是指对自己在想法、期望、行为及人格特征等方面的判断与评估。自我认知是进行清晰自我定位的基础,是个人职业与事业生涯的起点。其涉及认知价值观、人生方向和目标,认知性格特征,认清优势和劣势,觉察情绪变化等。

(二)自我认知的原则

自我认知是建立在自我观察与自我评价基础上的对自我身心素质的全面评估,正确的自我认知应把握以下四条基本原则。

1. 适度性

自我认知应当适度,过高的自我认知往往会使自己脱离现实,意识不到自己的条件限制,甚至狂妄自大,由自信走向自负;过低的自我认知往往会使自己忽视自我的长处,缺乏自信,过于自卑。过高或过低的自我认知对自己的成长都是不利的。

2. 客观性

自我认知应当遵循客观性原则。自我认知是自己对自己进行观察、分析和评价,但需要以客观事实作为基础和依据。人贵有自知之明,自知的可贵之处在于自知的不易。

3. 全面性

自我认知要全面。在进行自我认知的过程中,既要看到自己的优点和特长,又要看到自己的缺点和不足;既要对自我的某一方面的特殊素质进行具体评价,又要对自我的整体素质进行综合评价;既要考虑整体因素,又要考虑其中占主导地位的重点因素。总之,认识自我时应努力克服个人主观因素的干扰,努力使自我评价趋于客观和真实。

4. 发展性

自我认知应有发展变化的眼光,不但应当对自己的现实素质做适当、全面、客观的评价,而且应当着眼于未来的发展变化,预见性地评估自己将来的发展潜力和发展前景。

(三)自我认知的方法

自我认知的方法比较多,常用的主要有现实分析法、内省法、纵向剖析法、360 度评价法、专家咨询法、职业测评法等。

1. 现实分析法

现实分析法要求准确地把握自我,对自己的人生态度、兴趣和理想有充分的认识。这就要求人们既要认识自己的外在形象,如外貌、衣着、举止、风度、谈吐等;又要认识自己的内在素质,如学识、心理、道德、能力等。

2. 内省法

古人云:“吾日三省吾身。”内省法主要通过回答“我是谁”来反省、分析自己,反省时既要看到自己的优点和长处,又要看到自己的缺点和不足。

3. 纵向剖析法

人是不断变化、发展的。“今天的我”是以“昨天的我”为基础的,同时是“明天的我”的基础,它们相互联系而又不尽相同,但继承和发展是主要趋势,这种关系体现在知识、经验、兴趣、爱好、能力和愿望等各个方面。因此,人们可以对自己进行前后比较,深刻地了解自我、认识自我,从而对自己做出客观的评价。

4. 360 度评价法

古人云:“以人为镜,可以明得失。”他人的评价就像一面镜子,映射出另一个角度的自我。360 度评价法原是绩效考核方法之一,自 20 世纪 80 年代以来,在国际上被许多企业采用,其特点是评价维度多元化(通常是 4 个或 4 个以上)。针对大学生职业生涯的自我认知目标,360 度评价法被改良为通过收集家人、朋友、同学、同事、老师等大学生常见社会关系人员的他评信息,获得多层面人员对自己外表、态度、个性、能力、素质等方面的反馈,从而为客观、全面地认识、了解自我作参考。

5. 专家咨询法

用专家咨询法认识自我主要是指个体通过与专家交谈,探讨自己的人生经历、专业、学历、兴趣、价值取向、能力及个人的内外资源等,借助专家的力量来清晰地认识自我、准确地定位,从而找到自己的职业发展方向。

6. 职业测评法

职业测评是心理测验的一个分支,在学术上被广泛认可的心理测验的定义是“行为样组的客观的、标准的测量”。科学的职业测评是以特定的理论为基础,经过设计问卷、抽样、统计分析、建立常模等程序编制的,必须包含效度、信度、常模。效度是指测验结果的准确性,信度是指测验结果的稳定性,常模是指有代表性的样本在测验中的分数分布情形。

科学的心理测验是客观化、标准化的问卷,它的科学性、客观性、可比较的功能是其他自我认知方法不具有的,因此得到了职业指导机构的广泛推行和使用。常用的职业测评工具主要有迈尔斯-布里格斯类型指标(Myers-Briggs Type

Indicator,MBTI)、霍兰德职业兴趣测试、职业锚测评、普通能力倾向成套测验(General Aptitude Test Battery,GATB)等。

二、职业自我

职业自我即个人对职业与其自身关系的认识,涉及兴趣、性格、价值观和能力四个要素,关系到个人能否投入工作、适应工作、重视工作、取得工作成就。

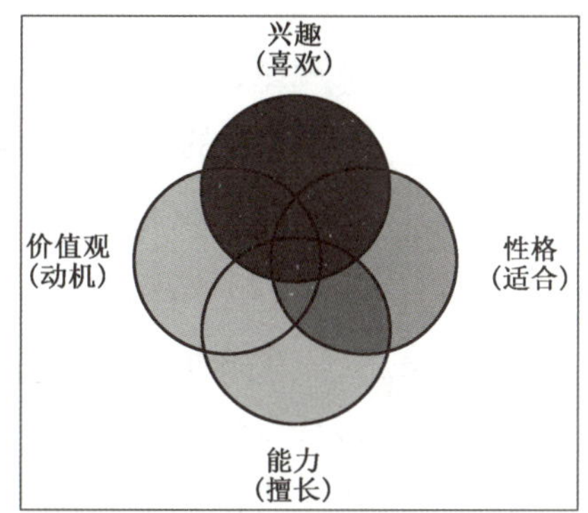

右图为职业自我的四要素在个体与职业相匹配过程中的表现状态。如果一个人从事一份自己喜欢的、擅长的、适合的和看重的职业,那么其取得职业成功、实现自我价值的概率将很大。

(一)兴趣

1. 兴趣与职业兴趣

兴趣是一个个体以特定的事物、活动或人作为对象,所产生的积极的和带有倾向性、选择性的态度和情绪。兴趣是职业选择的重要依据,是取得成就的动力,也是取得职业成就的重要保证。我们所说的干一行,爱一行,钻一行,就是说个体要从自身的兴趣入手,培养从事相关工作的愿望和兴趣,热爱本职工作,努力钻研其中的知识,在工作中获得满足感。

兴趣是一种无形的动力,每个个体都会对自身感兴趣的事物给予特别注意,并对其积极地探索,表现出一定的倾向性意愿。职业兴趣通常表现为愿意积极努力从事相关工作。职业兴趣能够有效提高个人工作满意度、职业稳定性和成就感。职业兴趣是以一定的个人素质为基础,在日常学习和职业实践当中逐渐发展起来的,其与个体的能力、实践活动、环境等有着密切的关系。职业生涯规划要结合个人、家庭、社会多方面因素考虑,才能最大化发挥个体优势,在职场取得职业成就。

2. 根据职业兴趣择业

每个人的一生中都会面临许多职业机会,怎样在其中找出自己有兴趣的职业,是每个面临择业的人都会面对的问题。著名的美国心理学家、职业指导专家约翰·霍兰德自20世纪70年代以来,提出了一系列的研究假设,其中影响最大的有配套兴趣量表的职业兴趣理论,其对如何依据职业兴趣选择适合自身的职业意义重大。

(1)霍兰德的职业兴趣理论

霍兰德把职业兴趣分为6种类型,分别为实际型(Realistic,R)、调研型(Investigative,I)、艺术型(Artistic,A)、社会型(Social,S)、企业型(Enterprising,E)、常规型(Conventional,C),每种类型对应不同的特点和职业。在测评时,可以在6种类型的分数之间做一个对比,分数在某一个类型上越高,表明这个类型的工作越感兴趣。

(2)兴趣探索

个人的职业兴趣往往是多方面的,很少集中在某一种类型上。大家可能或多或少地与6种类型都有关联,只是偏好程度不同。因此,为了比较全面地描绘个人的职业兴趣,通常用关联性最强的3种兴趣类型的首字母代码来表示一个人的兴趣,这个代码被称为霍兰德代码。这三个字母的顺序表示兴趣的强弱程度。各种兴趣类型与对应职业见表2-1。

霍兰德职业兴趣类型 表2-1

类型	个人偏好	重视的方面	职业要求	典型职业
实际型(R)	喜欢用工具、制造机器或修理东西,愿意从事实务性的工作,喜欢户外活动或操作机器,而不喜欢在办公室工作	具体实际的事物,诚实、有常识	使用手工或机械技能对工具、机器等进行操作,与"事物"打交道的能力比与"人"打交道的能力更为重要	园艺师、木匠、汽车修理工、工程师、军官、兽医、足球教练员
调研型(I)	喜欢探索和理解事物,喜欢研究那些需要分析、思考的抽象问题,喜欢阅读和讨论有关科学的论题,喜欢独立工作,对挑战未知问题充满兴趣	知识、学习、成就、独立	分析研究问题、创造性地解决问题,谨慎缜密,能运用智慧独立工作,有一定的写作能力	实验室工作人员、生物学家、化学家、心理学家、工程设计师、大学教授

续上表

类型	个人偏好	重视的方面	职业要求	典型职业
艺术型(A)	喜欢自我表达，喜欢与文学、音乐等有关的具有创造性、变化性的工作，重视作品的原创性和创意	有创意的想法、自我表达、自由、美	创造力，对情感的表现能力，以非传统的方式来表现自己	作家、编辑、音乐家、摄影师、厨师、漫画家、导演、室内设计师
社会型(S)	喜欢与人合作，关心他人，愿意帮助别人成长或解决困难、为他人提供服务	服务社会与他人，公正、理解、平等、理想	人际交往能力，教导、医治、帮助他人等方面的技能，对他人表现出精神上的关爱，愿意担负社会责任	教师、牧师、心理咨询师、护士
企业型(E)	喜欢领导和支配别人，通过领导、劝说他人或推销自己的观念、产品而达到个人或组织的目标，希望成就一番事业	经济和社会地位上的成功，忠诚、冒险精神、责任	说服他人或支配他人的能力，敢于承担风险，目标导向	律师、政治运动领袖、营销商、市场部经理、电视制片人、保险代理
常规型(C)	喜欢固定的、有秩序的工作或活动，希望确切地知道工作的要求和标准，愿意在一个大的机构中处于从属地位，对文字、数据和事物进行细致有序的系统处理以达到特定的标准	准确、有条理、节俭	文书技巧，组织能力，听取并遵从指示的能力，能够按时完成工作并达到严格的标准，有组织、有计划	文字编辑、会计师、银行家、书记员、办事员、税务员、计算机操作员

(3)兴趣类型与职业环境

职业选择是人格的一种表现，某一类型的职业通常会吸引一大批具有相同人格特质的人，这种人格特质反映在职业上就是职业兴趣。人们一般倾向于寻找与其兴趣类型相一致、相匹配的环境，职业环境就是职业氛围，这种氛围是由具有类似人格特质的人创造出来的特定的环境，他们具有相似的价值观念、态度倾向和行为模式。这种环境能让他们运用自己的技能，表达自己的态度与价值观，并且愉快地工作。

知道一个人的兴趣类型及其所处的环境类型，就可以根据有关知识对其行为进行预测，包括其选择职业、变更工作、工作绩效等方面。同一职业团体内的人有相似的人格特质，因此他们会对某一事件或问题有类似的反应，这样就产生团体内的职业环境。个人的兴趣类型和职业环境之间的适配会增加个体的工作满意度、职业稳定性和职业成就感。因此,霍兰德将职业环境也分为六种类型,其名称、性质与兴趣类型的分类一致。任意两种类型之间的距离越近,其职业环境与个体人格特质的相似程度越高。反之,处于对角线的两种类型因缺少一致性而具有相反的特质。

(二)性格

性格是个体对现实的稳定态度和习惯化行为方式,是人与人之间相互区别的重要方面。具体而言,性格是在后天的成长经历中慢慢形成的,受到家庭教养、文化、学习经验等很多因素的影响,形成后会比较稳定,是一个人在生活中对自己、对人、对事、对外在环境表现出来的一致性因应方式。

性格的许多特征反映了个人道德品质,此外还对个性其他方面具有制约和调节作用,并在一定程度上掩盖和改造气质。

有的人用右手签名非常自如,但用左手明显别扭费劲。每个人都有擅长的领域,也有不擅长的领域,没有好坏或对错之分。我们只有清楚了解自己性格上的"左右手",并选好相适应的职业环境,才能做出最佳的职业选择。

1. 性格类型理论

性格无好坏区别,但性格类型与职业类型是否匹配及其匹配程度,会影响一个人事业成就的高度和对职业的满足感。划分性格类型的理论有很多,MBTI 是目前国际上使用最普遍的一种,并且被很多国际大公司用在招聘选拔、人职匹配、组织诊断、改善人际关系上。

(1)MBTI 介绍

MBTI 性格理论始于瑞典著名心理学家荣格有关知觉、判断和人格态度的观点,而后美国心理学家凯瑟琳・库克・布里格斯和她的女儿伊莎贝尔・布里格斯・迈尔斯进一步拓展了该理论,并编制了迈尔斯-布里格斯类型指标(MBTI),她们在荣格的 2 种态度类型和 4 种功能类型的基础上,又增加了判断和知觉,由此组成了个性的四维八极特征。继而,迈尔斯又在荣格的优势功能和劣势功能、主导功能和辅助功能等概念的基础上,进一步提出功能等级等概念,并有效地为每种类型确定了功能等级的次序,提出了类型的终生发展理论,对心理类型理论作出了新的贡献。

MBTI揭示了一个人深层的“本我”、真实的我、自我的核心,以及最本能、最自然的思维、感觉、行为模式,而不是在别人面前表现出来的表面性格特征。不同类型的人本能的、自然的思维、感觉、行为模式都是不一样的;而同一种类型的人本能的、自然的思维、感觉、行为模式往往比较相似。这样我们自然就明白为什么大家的兴趣会不同、擅长点也会不同,为什么有些人不能理解他人,没办法有效配合工作。

(2)MBTI的四个维度

MBTI衡量的是个人的类型偏好,或称作倾向。这种偏好是一个人天生的倾向和特定的行为、思考方式,只有人与人的差别,不分好坏,可以识别人类正常、有价值的行为,也可能成为误解和偏见的导火索。

①E-I维度:外倾型-内倾型。

E-I维度关系到我们与周围世界的互动,解释能量释放到了哪里,不过这并不像我们平时讲的“外倾者健谈、内倾者害羞”那么简单,其特点描述如表2-2所示。

E-I维度 表2-2

E:外倾型的人	I:内倾型的人
喜欢与他人在一起,希望成为焦点	喜欢独自一人,避免成为焦点
先行动,后思考	先思考,后行动
喜欢边想边说,容易被了解,愿意和他人分享	注重隐私,保留个人信息,只和少数人分享
说比听多	听比说多
热情交流,精神抖擞	不把兴奋表现出来,矜持
反应迅速,喜欢节奏快的	思考后再反应,喜欢节奏慢的
兴趣广泛	兴趣专一

②S-N维度:感觉型-直觉型。

S-N维度和我们平时注意的信息相关,有些人注重事实,有些人注重愿望,这就是感觉型与直觉型的差别。面对同一情景,人们的注意中心不同,依赖的信息通道也不同。具体区别如表2-3所示。

S-N维度 表2-3

S:感觉型的人	N:直觉型的人
现实具体,相信看到、听到的	相信灵感、推理、“第六感”(直觉)
喜欢具有实际意义的主意	喜欢新主意、新概念,出于自我意愿
崇尚现实主义与常识	崇尚想象力和新事物
喜欢运用和琢磨已有技能	喜欢学习新技能,但掌握之后容易厌倦

续上表

S:感觉型的人	N:直觉型的人
留意具体特定的事物; 进行细节描述	留意事物整体概况、普遍规律及象征含义; 用概括、隐喻等方式进行表述
循序渐进地讲述有关情况	跳跃式地以一种绕圈的方式给出信息
着眼于当前实际	着眼于未来可能
只相信可测量、能记录的	相信字面之外的

③T-F 维度:思维型-情感型。

T-F 维度主要是从决策方式来看,仅看名称也许你会觉得,思维型的人是理性的,情感型的人是不理性的,事实上并不完全对。他们都会理性思考,但下结论的依据有所不同。具体区别如表 2-4 所示。

T-F 维度 表 2-4

T:思维型的人	F:情感型的人
客观分析问题	关心行动带给他人的影响
崇尚逻辑、公正公平,有统一标准	注重情感与和睦,看到规则的例外性
自然地发现不足,有吹毛求疵倾向	希望别人快乐,理解他人
可能被视为不近人情、漠不关心	可能被视为心肠太软、无逻辑、脆弱
认为诚实比机敏重要	认为诚实与机敏同样重要
认为合乎逻辑的感情才是正确的	认为所有感情都是正确的,不论是否有意义
受获得成就欲望的驱使	受感情与被人理解的驱使
以逻辑方式做决定	以爱好、感受做决定

④J-P 维度:判断型-知觉型。

J-P 维度主要是描述个体的行动方式,是一种态度维度。判断你是倾向于用较固定的方式生活(或做决定)还是倾向于用更自然的方式生活(或收集信息)。具体区别如表 2-5 所示。

J-P 维度 表 2-5

J:判断型的人	P:知觉型的人
喜欢把事情落实敲定	喜欢留有余地和变化
具有"工作原则":先工作再玩	具有"玩的原则":先玩再工作
确立目标并按时完成任务	当有新的情况时便改变目标
想了解自己的处境	喜欢适应新环境
着重过程(重点在于如何完成)	着重结果(重点在于已经完成)
把时间看成有限的资源,认真对待时间	把时间看成无限的资源,认为时间期限是活的
重条理性、计划性	重机动性、自由变通

2. 正确看待性格测评

值得注意的是,每种性格类型均没有对或错,也没有好与坏之分,不论哪种性格类型的人都有其自身独特的优点。我们可以通过性格类型去理解和原谅自己,但不能以它作为我们做或不做任何事情的理由。所以说,不要让性格类型过分影响你在事业、活动或人际关系上的选择,要留意自己对性格类型的偏见,避免给予自己或别人负面定性。

此外,目前没有任何分析或证据能表明 16 种性格类型中的哪一种不能从事或不适合某项工作,所以性格测评并不能作为人员甄选的唯一标准,需要参照其他测验结果做出更加全面合理的决定。

(三)价值观

孟子曰:“鱼,我所欲也;熊掌,亦我所欲也。二者不可得兼,舍鱼而取熊掌者也。生,亦我所欲也;义,亦我所欲也。二者不可得兼,舍生而取义者也。”其实生活中随处都是这样“舍与得”的选择,获得的同时也意味着失去,所以一定要明确自己想要什么,什么才是对自己最重要的,这些问题的答案正取决于我们的价值观。人生价值观决定人生选择,职业价值观便决定了我们的职业选择,到底是选择轻松的闲差还是追求高薪?是选择安稳的生活还是冒险成就一番事业?当你面对冲突难以抉择时,说明你可能对自己的价值观不是很明晰,需要深入探索了解职业价值观取向,以选择理想的职业。

1. 价值观的定义

价值观是指我们对周围的人、事、物重要性的评价和看法。它一方面表现为取向追求,凝结为一定的价值目标;另一方面表现为尺度准则,成为判断事物是否值得及其价值大小的评价标准。因此在生活和工作中,价值观是我们看重的原则、标准或品质,是个体评判抉择的核心信念体系。

职业价值观是个人追求的与工作有关的目标,即个人在从事满足自己内在需要的活动时追求的工作特质或属性,是价值观在职业问题上的反映。

2. 价值观与职业发展

价值观是具有判断色彩的根本信念,一个人的价值观会因身心条件、年龄阅历、教育状况、家庭影响、兴趣爱好变化而变化，于是就有了对于职业的不同主观评价。因为社会分工差异，各职业在劳动性质、难度强度、条件待遇、所有制和稳定性上都有区别，再加上传统思想观念的影响，人们心中会产生声望地位的高低之分，这些评价便形成了职业价值观，决定了一个人的就业方向和岗位选择。大量研究表明，一个人往往倾向于选择那些能够满足价值观追求的工作。因此，价值观对于个人职业发展起着至关重要的作用。

(1)价值观是职业发展的驱动力

马斯洛提出的需求层次理论中，将人类需求分为五个层次：生理需求、安全需求、社交需求、尊重需求和自我实现需求。只有当低层次的需求得到满足时，才会去关注高一层次需求，也正是因为这些需求，人的行为才有了强大内驱力。这五个层次的需求在生活中就是我们的价值观，它们在职业中转化为职业目标，成了职业价值观。比如，有人看重工资高不高，有人更在意能不能实现人生价值，这两者的差异可以归结为需求层次的不同，前者还在追求生理和安全需求，后者追求的是高层次的社交、尊重和自我实现需求。

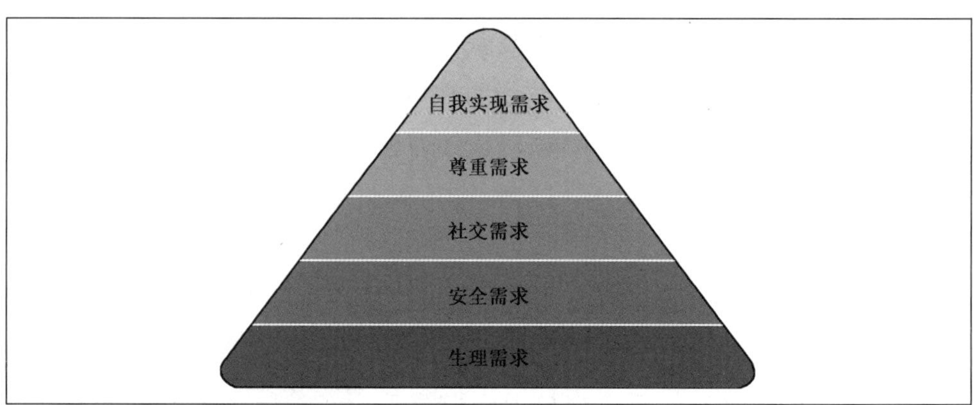

价值观是个人生活与工作中看重的原则标准，对一个人的生活态度和职业取向有很大影响，因为你的职业选择和状况决定了你今后的生活方式，最终会形成不同的道路轨迹。不过价值观也不是一成不变的，它具有多样性，每个人在不同的职业生涯发展阶段、不同的社会环境下，需求层次会发生变化，价值观也跟着变化。

(2)价值观影响职业发展

不同社会群体的价值观可能有所差别，“社会地位”“性别角色”等因素在人们心中的重要程度实际上反映的就是文化价值观。因为我们不是独立生活，所以很容易接纳不同的文化价值观，从而影响职业选择，正如很多大学生选择热门学科或工作，而把是否感兴趣排在后面，职业选择不同，后续的职业发展道路也就不同。但需要注意的是，一个人的价值取向和职业选择会受到诸如政治、经济等社会外部结构的影响，所以仅把文化价值观作为影响人们外显行为的主要因素并不可取。

（四）能力

遵照职业选择的擅长原则，只有进入自己擅长的活动领域，才能发挥特长，在处理问题时才能得心应手、游刃有余。能力相关内容后文将详述。

单元三 职业生涯规划的具体方法

一、职业生涯规划与设计的步骤

(一)自我评价

自我评价就是对自身的一个审视和评价的过程,能帮助个体更好地了解自我,从而为做出正确的职业选择打下基础。一个有效的职业生涯设计必须是在充分且正确认识自身条件与相关环境的基础上进行的,要审视自己、认识自己、了解自己,做好自我评价。自我评价具体涉及两方面:一是自己的兴趣、价值观、爱好、特长、内在动机和需求等因素;二是自己的优势和劣势。

(二)目标确立

确立目标是制定职业生涯规划的关键,目标通常有短期目标、中期目标、长期目标和人生目标之分。长期目标需要个人经过长期艰苦努力、不懈奋斗才有可能实现,确立长期目标时要立足现实、慎重选择、全面考虑,使之既有现实性又有前瞻性。一般首先要根据个人的专业、性格、气质和价值观以及社会的发展趋势确定自己的人生目标和长期目标,然后把人生目标和长期目标进行分化,根据个人的经历和所处的组织环境制订相应的中期目标和短期目标。

(三)职业选择

职业选择是人们依照自己的价值观、职业期望、兴趣、能力等,从社会现有的职业中进行挑选的过程。职业选择理论告诉我们应该如何选择职业,具有代表性的职业选择理论如下。

1. 帕森斯的特质因素理论

“职业指导之父”弗兰克·帕森斯认为:人与职业的匹配是职业选择的焦点。所谓“特质”,是指人的个体特征,包括能力倾向、兴趣、价值观和人格等,这些都可以通过心理测量来评价;所谓“因素”,是指工作上取得成功必须具备的条件或资格,这可以通过对工作的分析来了解。帕森斯认为,每个人都有自己独特的特质模式,每种特质模式的人都有与其相匹配的职业类型,当人的特质与职业的因素匹配时,职业成功的可能性就比较大。

人职匹配可以分为两种类型:因素匹配(职业匹配人)与特质匹配(人匹配职业)。

帕森斯还提出了职业选择的“三步范式”:

第一步,对求职者的生理和心理特点(特质)进行评价。

第二步,分析各种职业对人的要求(因素),并向求职者提供有关的职业信息。

第三步,指导人员在了解求职者的特性和职业的各项因素的基础上,帮助求职者进行比较分析,以便其选择一种适合个人特点、有可能取得成功的职业。

2. 霍兰德的职业兴趣理论与六边形模型

霍兰德把职业兴趣分为实际型、调研型、艺术型、社会型、企业型、常规型六种类型,具体内容前文已介绍。霍兰德发现上述六种兴趣类型之间并不完全独立,而是存在一定的相关性。1969 年,他在职业兴趣理论的基础上提出六种职业兴趣的环形结构模型,又称六边形模型,此模型是霍兰德职业兴趣理论的精髓。

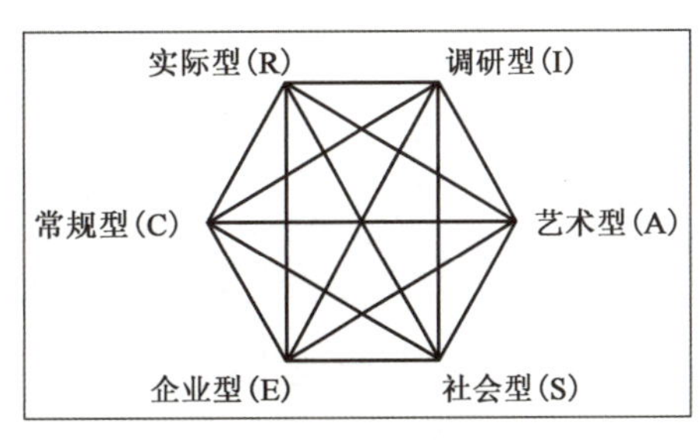

霍兰德以一个六边形来表示六种兴趣类型之间的关系,认为这个六边形模型表现出以下规律性:R、I、A、S、E、C 按顺时针排列形成环形;每两种类型之间有三种关系,即相邻、相隔和相对;相邻职业兴趣类型间的相关性最强,相隔职业兴趣类型间的相关性次之,相对职业兴趣类型间的相关性最弱。

3. 沙因的职业锚理论

埃德加·沙因提出,职业锚是指个体在进行职业选择时,不愿放弃的至关重要的东西或价值观。职业锚是个人经过持续不断的探索确定的长期职业定位。一个人的职业锚有三个组成部分:自己认识到的才干和能力、自我动机和需要、态度和价值观。职业锚通过个体的职业经验逐步稳定、内化,当个体再次面临职业选择时,就成为其最不能放弃的职业定位。

沙因提出了8种职业锚:

(1)技术/职能型职业锚:此类人希望过“专家式”的生活。

(2)管理型职业锚:此类人有非常强烈的愿望成为管理人员,并将此看成职业进步的标准。

(3)自主/独立型职业锚:此类人追求自主和独立。

(4)安全/稳定型职业锚:此类人选择职业最基本、最重要的需求是安全与稳定。

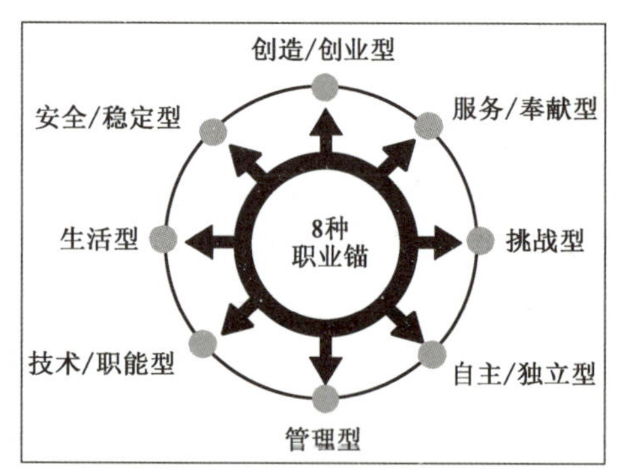

(5)创造/创业型职业锚:此类人认为最重要的是建立或设计某种完全属于自己的东西。

(6)服务/奉献型职业锚:此类人希望能够体现个人的价值观,他们关注工作带来的价值,而不在意是否能发挥自己的能力。

(7)挑战型职业锚:此类人认为他们可以战胜任何困难或任何人,热衷于挑战。

(8)生活型职业锚:此类人似乎没有职业锚,他们不追求事业的成功,而是寻求合适的方式整合职业的需要、家庭的需要和个人的需要。

二、职业生涯规划评估与修正

大学生职业生涯规划的评估与修正是个人对自己和社会不断认识的过程,是使职业生涯规划更加有效的重要手段。通过对职业生涯规划的评估,自觉地总结在实现职业生涯规划目标过程中的经验与教训,从而修正对自我的认知、对社会的认知和职业生涯规划目标。

(一)职业生涯规划评估与修正的意义

1. 实现职业生涯规划目标的必经阶段

职业生涯规划的实施是大学生依次实现各个阶段性目标并逐步向人生目

标推进的过程。在此过程中,由于各种确定及不确定的影响因素,实际目标与规划目标之间存在落差在所难免。为了最大限度地发现并缩小落差,对职业生涯的进展情况进行评估是实施职业生涯规划过程中必不可少的。职业生涯规划修正则是在评估的基础上,依据实际情况对职业生涯规划的实施过程进行调整完善,以确保职业生涯规划的成功推进。职业生涯规划的评估与修正是一个反复循环的过程,通常要经过施行、评估、修正、再施行、再评估、再修正等程序,直至达到最理想状态。

2. 实现职业生涯规划目标的重要保证

在职业生涯规划实施过程中,各个阶段的实际结果是否与规划目标相符或接近,是评价实施是否成功的关键。而评估与修正则是让实际结果与规划目标相符或接近的重要保证。一方面,评估与修正为具体的实施过程提供了方向与路线保障;另一方面,评估与修正也为实施的效果提供了评价标准。通过职业生涯规划评估与修正,可以发现前一阶段策略方案的实施及目标完成情况,直至满足规划的相关要求,并确定下一阶段的实施目标,进而决定向人生目标推进的进度。

3. 确保职业生涯规划有效性的重要手段

判断大学生职业生涯规划是否有效,主要看其策略方案是否切合实际,能否顺利施行并最终实现人生目标。在职业生涯规划持续推进的过程中,评估与修正是保证其策略方案正确实施并达到理想效果的重要手段。通过职业生涯规划的评估与修正,可以确保各个阶段目标的顺利实现及实施过程的顺利推进,进而保证大学生职业生涯规划的阶段目标与总体目标的有效性。

(二)职业生涯规划评估

职业生涯规划评估可以比照各类预定目标和实际结果进行。任何形式的评估都可以归结为自我素质和行为表现对现实环境的适应性判断,分析自己的现状,特别是针对变化的环境找出偏差所在。职业生涯规划评估应注意以下几点:

1. 抓住最重要的内容

在评估过程中不必面面俱到,应该抓住关键目标和最主要的策略方案进行追踪。在职业生涯的某一阶段，总有一个最重要的目标，其他目标都指向这个核心目标，可以通过优先排序，重点评估那些可能达到这个核心目标的主要策略执行的效果。

2. 发掘出最新的需求

在漫长的职业生涯中会发生很多变化，针对变化的内外环境，要善于发现最新的趋势和影响，要与时俱进，发现新的变化、挖掘新的需求。对于新的变化和需求，要全面思考怎样的策略才是最有效、最有新意的。

3. 准确找到突破方向

职场竞争就像下棋，有时候在某一点取得突破性的进展会使整个局面发生意想不到的变化。想一想，先前规划中的策略方案，哪一条对于目标的达成应该有突破性的影响，目的达成了没有，为什么没有达成，如何寻求新的突破等。这样的总结和分析对于在未来的发展中找到突破口十分有利，可以帮助我们少走弯路，从而取得事半功倍的效果。

4. 关注自己的最大弱点

管理学中有个著名的木桶理论，即一只沿口不齐的木桶，其容量的大小，不取决于最长的那块木板，而取决于最短的那块木板。在反馈评估过程中，当然要肯定自己的长处与取得的成绩，但更重要的是结合变化的环境，发现自己的素质与策略的“短板”，也就是阻碍自己发展的劣势，然后想办法修正，或者把这块“短板”换掉，或者将其增长。唯有如此，职业生涯这只桶才能有更大的容量。

（三）职业生涯规划修正

在评估结束以后，要根据评估的结果对职业生涯规划进行修正。修正的内容包括职业的重新选择、职业生涯路线的选择、阶段目标和人生目标的修正、实施措施与行动计划的变更等。评估与修正是指在达到职业生涯规划目标的过程中自觉地总结经验和教训，修正对自我的认知和职业目标。俗话说“计划赶不上变化”，影响职业生涯规划的因素很多，有些变化因素是可以预测的，而有些变化因素难以预测。因此，要使职业生涯规划行之有效，就需要不断地对职业生涯规划进行评估与修正。

在选定职业生涯路线，积极行动实现职业目标后，外界环境和自身情况可能发生变化，有必要在这些因素产生变化后，重新对自我进行剖析和评估，反馈这些信息，并对自己的职业生涯规划目标进行修正，这是保证职业生涯规划方向正确的重要手段。对于大学生来说，这一步骤就是要具体实施既定的职业生涯规划，采取各种积极的行动扎扎实实地发展自己的职业生涯，争取达成职业目标。同时，不断检验自己的职业定位、目标、策略是否符合实际，是否能有效施行。注意平衡计划与实践、主观与客观、职业目标与其他目标之间的关系，自觉总结经验教训，评估和修正不恰当的自我认知、职业目标、职业路线与策略等，及时纠正行动偏差，保证职业生涯规划及其指导下的职业活动都能够卓有成效。

1. 职业方向的修正

通过对评估结果的详细分析，了解自己职业生涯发展不顺利的原因是方向错误、对内外环境缺乏客观的分析，还是缺乏对工作的真实体验。方向正确与否是职业生涯能否成功的关键，如果方向错误，就必须重新进行自我认知和评价，重新评估外在环境，进而重新做出选择。

2. 计划和措施的修正

及时地调整计划和措施是保证目标实现的重要条件。在分析自身实际与目标之间的差距之后，需要制定一些具体的措施，比如参加专业技能培训、参加实践活动等，这些措施可以具体到参加何种技能培训班，选择哪本教材，去哪家单位的哪个具体岗位实践等。

3. 行为和心理的调整

在职业生涯发展的过程中，要调节自己的心理，保持自信、坚持、乐观的最佳状态。通过评估和修正，可以进一步增强自信心，找出有待改进之处，并制订详细的行为改变计划，确保能取得显著的进步。

总之，大学生职业生涯规划是一个连续动态的过程，有效的职业生涯规划需要不断地修正职业生涯目标，不断地反省职业生涯路线、计划与措施是否恰当，是否适应环境的改变，以此作为下一轮职业生涯规划的参考依据。未来是未知的，应与时俱进，及时调整和完善职业生涯规划。

□实训演练

生涯幻游

生涯幻游活动是结合音乐欣赏,透过幻游的画面,带领参与者前往想象中的未来,并鼓励参与者分享自己的幻游情景,最终协助参与者了解自身的期待与价值观,对于未来给予期待与规划。以下是生涯幻游的内容,应读得缓慢而温柔,最好放上舒缓的音乐,在标注需要停顿的地方要有停顿。

好,现在请你尽可能放松,躺下或调整至你觉得最舒服的姿势。然后,闭上眼睛,尽可能放松自己(停顿),调整你的呼吸,呼气(停顿)、吸气(停顿)、呼气(停顿)、吸气(停顿)。好,保持这样平稳的呼吸,接下来,放松身体每一块肌肉,放松(停顿)、放松(停顿)、放松(停顿)。

想象一下现在你已经乘坐上时空穿梭机,目的地是五年后的某一天,清晨你刚醒来,是睡到自然醒还是被闹钟吵醒的?现在是几点钟?你在哪?观察下四周是什么样子的,你看到什么?闻到什么?听到什么?(停顿)起床后的第一件事情是做什么?(停顿)洗漱完你正在考虑要穿什么衣服去上班,你最后决定穿什么衣服?(停顿)想象一下你正站在镜子前面装扮自己!当你想到今天的工作时你的感觉怎样?是平静、激动、厌倦还是害怕?(停顿)你现在正在吃早饭,有人和你一起吃吗?还是你一个人吃?(停顿)现在你准备去上班,出门后回头看看你住的房子,它是什么样子的?(停顿)

好,现在出发。你用什么交通工具去单位?有人和你一起吗?如果有的话是谁呢?当你走时注意周围的一切。(停顿)单位有多远?(停顿)到达单位了想象一下单位是什么样子的,它在哪里?看起来怎么样?(停顿)现在你走进工作的地方,那儿都有些什么人?多少人跟你一起工作?他们在做什么?单位的人都是怎么称呼你的?(停顿)你的办公室是什么样子的?接下来你要做什么?(停顿)想象一下你一上午的工作都做了些什么?你是做需要思考的复杂工作还是做一些简单的事务性工作?你跟别人一起工作还是你独自工作?是在户外还是室内工作?(停顿)

现在上午的工作结束了,你该吃午饭了,你去哪里吃饭?跟谁一起吃饭?你们谈些什么?(停顿)现在回到工作中来,下午的工作与上午的工作有什么不同吗?

(停顿)你一天的工作结束了,这一天让你感觉到满足还是沮丧?为什么?(停顿)今天你还想去别的地方吗?(停顿)在这一天当中,你还想做什么?(停顿)

现在,你回家了,有人欢迎你吗?(停顿)回家的感觉怎样?(停顿)你如何与家人分享这一天所做的事?(停顿)你准备去睡了。回想这一天,你感觉如何?(停顿)你希望明天也是如此吗?(停顿)你对这种生活感觉如何?(停顿)过一会儿,我将要求你回到现在。好了,你回来了……看看周围的一切,欢迎你幻游归来。喜欢你幻游的生活吗?请分享你的经历。

请花些时间思考,考虑下列问题:

(1)我五年后从事的工作的描述:

工作室:______

工作内容:______

工作的场所:______

工作的场所周围的环境:______

工作的场所周边的人群:______

(2)我五年后的生活状态的描述:

婚姻状况:______

家中成员:______

居住的场所:______

居住的场所周围的环境:______

居住的场所周围的人群:______

(3)请说明下列问题:

我在幻游过程中,印象最深刻的画面是:______

我在幻游后,对比现在环境最大的不同点是:______

我在幻游后,最深的感受是:______

(4)我在幻游后,觉得未来的职业生涯发展会是怎样的?

______

______

□思考与讨论

1. 什么是职业发展？职业发展有哪些途径？
2. 职业生涯设计有哪些步骤？
3. 请制订你的职业生涯计划。
4. 阅读下面的案例，展开思考与讨论。

大学毕业生小蒋：做一名扎根基层的铁路信号工

铁路信号工是从事铁路信号相关设备的安装、维护、维修及改造工作的铁路职工，是需要长期扎根基层、潜心研究技术、耐得住寂寞的工作。

小蒋是某公共运输职业学院2022届毕业生。2017年，小蒋考入学院铁道信号专业，同年9月他保留学籍报名参军。在部队期间，小蒋经受了高原军营的磨炼，锻炼了吃苦耐劳的品质和坚韧不拔的意志。2019年9月小蒋服役期满从部队退伍返校学习。他把在军营得到的宝贵经验融入专业学习中，勤奋刻苦，努力钻研专业知识和技能。在校期间，小蒋先后获得3项市级以上职业技能竞赛奖励，2次获评国家奖学金，展现出优秀的专业素质和学习能力。

2022年，怀揣着扎根基层、服务社会的理想，小蒋毅然选择加入中国铁路某局集团有限公司，成为某电务段的一名信号工。他以饱满的热情投入基层工作，在平凡的岗位上践行着自己的铁路梦。

小蒋的就业故事生动展现了当代大学生扎根服务基层，在平凡岗位上实现自我价值的职业选择，彰显了新时代大学生昂扬向上的精神风貌。

案例来源：新华社，http://www.news.cn/2022-08/07/c_1128896811.htm，有删改。

请思考并讨论：

(1)大学生应当如何把个人理想与国家需要结合起来，在平凡的岗位上实现自己的人生价值？

(2)部队的磨炼对于一个人的成长有什么积极意义？大学生应当如何把在部队的经验运用到学习和工作中？

(3)作为一名大学生，应当如何培养自己扎根基层、服务社会的情怀和意识？在未来的职业生涯中，又该如何践行这种情怀和意识？

(4)一个人的职业选择应当基于什么样的考量？除了个人兴趣和专业特长，还应当考虑哪些因素？

模块三

就业能力

案例导入

《列子·汤问》中有一则《纪昌学射》的故事:

甘蝇,古之善射者,彀弓而兽伏鸟下。弟子名飞卫,学射于甘蝇,而巧过其师。纪昌者,又学射于飞卫。飞卫曰:"尔先学不瞬,而后可言射矣。"

纪昌归,偃卧其妻之机下,以目承牵挺。二年之后,虽锥末倒眦,而不瞬也。以告飞卫,飞卫曰:"未也,必学视而后可。视小如大,视微如著,而后告我。"

昌以牦悬虱于牖,南面而望之。旬日之间,浸大也;三年之后,如车轮焉。以睹余物,皆丘山也。乃以燕角之弧、朔蓬之簳射之,贯虱之心,而悬不绝。以告飞卫。飞卫高蹈拊膺曰:"汝得之矣!"

纪昌既尽卫之术,计天下之敌己者,一人而已,乃谋杀飞卫。相遇于野,二人交射;中路矢锋相触,而坠于地,而尘不扬。飞卫之矢先穷。纪昌遗一矢,既发,飞卫以棘刺之端扞之,而无差焉。于是二子泣而投弓,相拜于涂,请为父子。克臂以誓,不得告术于人。

故事中纪昌为了学会射箭,仰面躺在织布机下面,两眼一眨不眨地盯着妻子织布时不停踩动着的踏脚板。这样坚持练习两年后,他向老师飞卫汇报。飞卫却说:"还没有学到家。要学好射箭,你还必须练好眼力才行,要练到看小的东西像看到大的一样,看隐约模糊的东西像看明显的东西一样。你还要继续练,练到那个时候,你再来告诉我。"纪昌听从老师的教导,回到家里,选了一根牦牛尾巴上的毛,一端系上一个小虱子,悬挂在自家的窗口上,他两眼注视着吊在窗口牦牛毛下端的小虱子。这样看了3年,他眼中的小虱子大得仿佛车轮一样。这时纪昌再看其他的东西,大得竟像山丘了。于是,纪昌拿弓搭箭,目不转睛地瞄准仿佛车轮大小的虱子,将箭射过去,箭头恰好从虱子的中心穿过,而悬挂虱子的牦牛毛完好无损。纪昌把自己练习的情况告诉飞卫,飞卫高兴得手舞足蹈,说:"你已经掌握了射箭的诀窍了。"

案例启示:只有勤学苦练,提高自己的能力,才能真正应对考验。

学习目标

1. 理解就业能力的概念及其在职场中的重要性,认识到提升就业能力对于个人职业发展的关键作用;

2. 掌握适应能力的内涵，学会快速适应并融入不同的工作环境，展现出良好的职业素养和应变能力；

3. 培养并提升学习能力，掌握有效的学习方法，能够持续学习新知识、新技能，以适应不断变化的职业需求；

4. 提高表达能力，包括口头表达和书面表达能力，能够清晰、准确地传达自己的思想和观点，增强职场沟通效果；

5. 增强人际交往能力，学会与不同背景、职业和性格的人建立良好的人际关系，拓展人脉网络，为职业发展创造更多机会；

6. 掌握信息处理能力，能够有效地获取、整理、分析和利用信息，提高工作效率和决策质量；

7. 培养团队合作能力，了解团队合作的重要性和原则，学会在团队中发挥自己的优势，协同他人完成任务。

单元一　就业能力概述

在更加完善的社会主义市场经济体制之下，毕业生面临着被比较、被挑选的现状。经过市场的调节和配置筛选，优秀、与岗位匹配的人才才会被用人单位选择。

迅猛发展的知识经济更加强化了这种就业竞争的态势。在瞬息万变的社会大变革中，社会主义市场经济犹如一部高速运转的机器，大学生能否成为其中的某个部件并发挥作用，其所拥有的知识、能力和素质为决定性因素。

一、大学生就业能力的含义

在复杂的时代背景下，大学生就业能力不再单纯指某一种能力，而是多种能力的集合，是通过学习和综合素质的开发而获得的能够实现就业理想、满足社会需求、在社会生活中实现自身价值的本领。

就业能力是指就业者从事任何一种职业的基本能力，职业能力的高低决定就业能力的强弱。就业能力也是人们从事某种职业所需的多种能力的综合。例如，一名教师仅具备语言表达能力远远不够，还必须具有对教学的组织和管理能力、对教材的理解和使用能力，以及对教学问题和教学效果的分析、判断能力等。

大学生如果想要顺利地找到工作，并在工作岗位上做出成绩，就必须具备一定的就业能力。如果说，职业兴趣能决定一个人的择业方向，以及其在该方面乐于付出努力的程度，那么就业能力则能说明一个人在既定的职业方面是否能够胜任，也能说明一个人在该职业中取得成功的可能性。

二、大学生就业能力的构成要素

大学生就业能力是一种综合能力，包含诸多要素，有学者认为应该包括学习能力、思考能力、实践能力、应聘能力。还有学者认为以下五个方面的能力与素养影响了大学生就业：一是良好的就业动机和个人素质，二是熟练的人际交往技巧,三是丰富的科学知识,四是科学的工作方法,五是广阔的视野。这些说法虽各有其道理,但是未能明确指出就业基本能力和最终能获得较好工作的优势能力。本书主要采用基本能力、专业能力、差异性能力的划分方法,来凸显大学生就业的能力层次。

(一)基本能力

具备基本能力是大学生顺利就业的前提,是参与就业竞争的基本条件。基本能力主要包括适应能力、学习能力、表达能力与人际交往能力、信息处理能力、团队合作能力等。

(二)专业能力

专业能力体现在专业知识和技能的掌握情况上,是衡量求职者是否合格的核心要素。专业能力主要是指求职者具备的专业知识背景、行业知识背景与具体技能。作为一名大学生,专业能力的高低直接决定其自身市场竞争能力的强弱,所以,在校期间,大学生应通过具体、专业、有针对性地学习某一特定的核心课程、具体科目不断提升自己的专业能力。根据不易迁移到其他工作中的属性特点,大学生应当在培养专业能力时达到专业、专注、专门训练的水平及要求,通过记忆、学习和实训等方式掌握一些特殊的专业名词、程序设计及工作技巧。

(三)差异性能力

如果说基本能力和专业能力是获得工作的基本筹码,那么差异性能力则是体现求职者优势,帮助其获得更好职位、更高薪水的高层次能力。拥有差异性能力的人主要是指那些具备丰富的社会实践经验、创新能力、综合知识背景的求职者。

三、提升大学生就业能力的重要意义

就业能力是一个直接反映高校办学效益、大学生竞争能力、社会市场对高校毕业生择取标准的评价参数。

首先,对高校而言,就业能力是高校办学质量、办学水平、办学效益的直接体现。当前,教育主管部门把就业率作为办学水平评估、专业设置调整、招生规模增减的重要监测指标。而提高就业率的根本途径在于不断提升学生的就业能力,增强学生在就业市场上的竞争力。

其次,对大学生本人而言,较强的就业能力可使大学生在激烈的就业市场中实现充分就业,是大学生实现人生理想与自我价值的前进阶梯。

最后,从社会影响力和用人单位的角度来看,就业能力的强弱直接决定着毕业生就业质量的高低,对社会的贡献能力也自然被大众和社会各企业、组织关注。现在,用人单位对高校的评价标准也已发生转变,逐步从过去注重学校名气高低转向注重学生的就业能力是否足够优秀,因为就业能力的强弱直接关系到企业人力资源成本的付出和经济效益的获得是否高质高效。

四、企业看重的能力与素质

企业最看重大学生的什么能力与素质?目前企业已不再单纯以高学历、高分数的标准来衡量大学生,而是用是否具有优秀的个人品质、团队意识,是否吃苦耐劳、敬业爱岗等来评价大学生。

(一)优秀的个人品质

所谓“要做事,先做人”,一个人的品质从根本上决定了他能行多远,飞多高。古语有云:“德者,才之帅也。”对企业而言,员工的品质就是企业的品质。有德无才要误事,有才无德要坏事,德才兼备方成事。所以,想要成为人才,首先要有优秀的个人品质,这也是对每一位大学毕业生的基本要求。很多企业宁愿要个人品质好但专业知识一般的员工,也不愿要专业知识优秀而个人品质低劣的员工。因为缺乏一些专业知识可以通过企业的各种培训、深造机会弥补,但个人品质的低劣是无法弥补的。

（二）良好的团队协作能力

企业发展离不开团队合作，个人成长也离不开团队成员的帮助。企业的盛衰成败在很大程度上取决于其成员相互协商、相互尊重、相互凝聚的程度。所以企业非常看重大学毕业生的团队协作能力。大学毕业生将个人融入团队，个人发展会更加顺利。

（三）敢于拼搏、吃苦耐劳的精神

企业非常欣赏勤奋、上进、肯吃苦的年轻人。大学毕业生在未来的道路上，会碰到这样或那样的困难，故在学生时代就应培养耐得住寂寞，敢于拼搏，敢于冒险，吃苦耐劳，经得起各种困难的考验，不断进取，百折不挠的精神。

（四）扎实的专业技能

学习成绩不是企业决定是否用人的唯一标准，但仍然是企业衡量大学毕业生就业能力的一项无可替代的重要标准。熟练掌握或精通某项专业技能，打下坚实的专业知识基础，是大学毕业生最基本的能力要求之一。刚毕业的大学生只能称为“人材”，掌握了一定专业技能的大学毕业生可称为“人才”，而能为企业和社会创造财富的大学毕业生方能称为“人财”。

（五）不断创新的意识和能力

企业对人才能力的需求已由过去的一般能力要求，发展到以创新能力为核心的特殊要求。那些善于运用自己的大脑去不断探索、开拓和创新的大学毕业生是企业最看重的人才，因为他们永远不满足于现状，孜孜不倦地向更新、更高、更强的目标挑战。

（六）强烈的事业心和责任感

强烈的事业心和责任感是企业和社会对大学毕业生最基本的素质要求，也是大学毕业生成才的基础、事业腾飞的起点。

企业和社会希望并要求大学毕业生把选择的职业当作长期追求的事业，要热爱、投入，要与企业同甘共苦、荣辱与共，而不仅仅是把职业当成赚钱谋生的工具，把企业当成临时落脚点。一个有强烈事业感和责任感的大学毕业生不会只关注企业能够为自己提供什么，而不考虑自己能为企业带来什么价值。

（七）良好的心理素质

心理素质的好坏直接影响大学毕业生能否在艰苦或不利的环境中很快调整自己的状态，保持旺盛的斗志，积极进取。大学毕业生要学习和掌握一定的心理学知识，培养自信、豁达、乐观的思想素质，坚强、果断的意志品质，广泛的兴趣爱好，并进行友好的人际交往，使自己的精神生活充实健康，自我个性意识稳定发展，从而增强自我调节心理状态的能力，能经受各种挫折和压力，以适应社会竞争。

单元二　适应能力

一个人生存在社会当中,既是独立的个体,也要扮演社会中的角色,二者是密不可分的。五彩缤纷的社会生活容易使一些大学毕业生眼花缭乱,并产生很多的不适应,甚至产生不安和不稳定的情绪。出现这种情况的原因是,部分大学毕业生的社会适应能力不强,对现实中遇到的困难、挫折、意外估计不足,个体角色与社会角色未充分融合。

大学生提升自身社会适应能力,有利于顺应社会发展的要求,快速获得社会的认同;有利于个性的形成和完善。促进大学生培养和发展健康的心理是大学生社会化的重要目的,也是当代大学生自我发展的需要。

一、适应能力的概念

适应能力是指个体在适应环境过程中所表现出来的个性特征。社会适应能力便是个体在社会生活中与环境达到和谐关系所表现出来的个性特征,它是一种善于根据社会生活中的变化,及时反馈、随机应变的能力。

良好的社会适应能力是一个人综合素质的反映,与个人的思想观念、道德品质、知识技能、创造能力等密切相关。大学毕业生的社会适应能力是用人单位非常看重的,它不仅包括用所学的书本知识适应实际工作的能力,也包括协调人际关系和适应生存环境的能力。

首先,大学生要注意培养自己的社会适应能力,以便走进社会后能尽快地适应社会,体现自身价值。其次,大学生应该明白社会适应能力的培养不是无原则地苟同社会上的消极现象,更不是同流合污,而是要善于分析,深思熟虑后再行动,主动适应社会,尽大学生应尽的社会责任。最后,大学生要培养根据工作岗位和就业情况的变化,适时调节择业行为的能力。因为现代社会的职业是复杂多变的,要适应这种状况,大学生必须提高自己的社会适应能力。学校教育是基础教育、通才教育,大学生走上工作岗位以后,有些知识用不上、有些知识不够用、有些知识要从头学起,这就要求走进社会的大学生根据工作的需要去调整自己的知识结构、能力结构以及行为方式,增强应变能力。

大学生的社会适应能力是其素质、能力的综合反映,适应能力的强弱与个人的心理素质、道德品质、知识技能、人际关系和健康状况密切相关。能力较强、心理健康的大学生能较好地控制自己的情绪，排除不良现象、不良情绪的干扰，胜不骄、败不馁，始终保持良好的心态，把握机遇，避免不利因素，较快地适应社会。

二、培养大学生社会适应能力的必要性

下面将从社会发展的要求、大学生社会化的重要目的、大学生个性的形成和完善、大学生健康心理的培养和发展、大学生自我发展的需求等方面介绍培养大学生社会适应能力的必要性。

（一）培养大学生社会适应能力是社会发展的要求

当今社会在高科技的推动下已经进入信息时代，全球化的知识经济初显端倪，科学技术和经济的迅猛发展，必然对每一个社会人提出新的要求。当代大学生是青年中的佼佼者，把握着现代化的知识和技术，是未来国家和社会建设及发展的栋梁之材，肩负着振兴中华的历史使命和社会责任。这种使命和责任与国家的前途和命运紧密相连。大学生社会适应能力关系到大学生科学文化知识和技能发挥的程度，关系到大学生个人的前途和命运，关系到社会的繁荣和发展。当代大学生只有努力顺应时代发展的潮流，才能充分运用自己的科学文化知识和技能，从而促进社会的变革和发展。所以，培养大学生社会适应能力是社会发展的要求。

（二）培养大学生社会适应能力是大学生社会化的重要目的

当代大学生是青年中非常优秀的一部分，担负着继承上一代的事业、知识和优良传统，开创社会发展新局面的历史重任。大学生社会化的内容非常广泛，社会生活必需的知识和技能、行为方式、生活习惯以及社会的各种思想、观念都包含其中。显然大学生社会适应能力包含的学习适应能力、工作适应能力、生活适应能力和社会交往适应能力，都是大学生社会化的重要内容。因此，培养大学生社会适应能力是大学生社会化的重要目的。

（三）培养大学生社会适应能力有利于大学生个性的形成和完善

心理学把每个人一贯表现出来的稳定的心理和行为特点称为个性。个性一旦形成，就会对大学生的行动乃至一生产生决定性的影响。而个性是在大学生的一系列熟悉活动中形成和发展起来的，在这些活动中，他们渐渐熟悉社会、感受社会、应对社会生活中的各种压力和障碍，这是大学生个性形成和完善的外部条件，也是个性发展的基本过程。大学生只有适应社会生活，才能具备更完善的个性。所以，培养大学生社会适应能力有利于大学生个性的形成和完善。

（四）培养大学生社会适应能力有利于大学生健康心理的培养和发展

一个人的心理健康与社会适应能力有着密切的联系，是社会适应程度和结果的具体体现。假如一个大学生经常与他人，特别是与同伴脱离交往，或被同伴排斥在群体之外，就容易产生心理问题或心理疾病。大学生由于自身生理和心理上的急剧变化，形成了独特的心理和行为特点：一些大学生求知欲和探索欲强烈，要求独立自主的意识与日俱增，遇事喜欢独立思考和判定，不愿听从别人的意见，情绪反应强烈，易冲动，遇事有持续而深刻的情感体验。正是由于一些大学生具有上述心理和行为特点，所以，他们容易出现社会适应不良的情况。他们在生活、学习顺利时，往往意气风发；碰到挫折就容易一蹶不振，长时间陷入忧郁、苦闷、消极、自卑情绪。这些大学生的心理两极性，很容易导致他们产生心理障碍，影响正常的学习和生活。能够有效适应社会的人，才是心理健康的人。因此，培养大学生社会适应能力有利于大学生健康心理的培养和发展。

（五）培养大学生社会适应能力是大学生自我发展的需求

“需求”在社会意义上指人的一种生存状态，它表现为人对客观事物的渴求，是人产生行为的原动力。因此，人总是有各种不同的需求，人的需求一般分为生理需求、安全需求、社交需求、尊重需求、自我实现需求五个层次。人的需求是在社会化过程中逐步发展的。人的社会化程度越高，他的需求层次就越高。

每个社会角色所担当的工作，都是整个社会事业的一个组成部分。我国现代化建设的宏伟大业,为每个社会角色充分施展自己的聪明才智提供了无比广阔的舞台。大学生只有把自己的事业目标与社会需求紧密地结合起来,自觉地服务于社会,才有可能成为对社会有用的人才,自我才能得以发展。大学生要满足和适应社会的需求,当然就不可缺少对社会适应能力的培养。所以,培养大学生社会适应能力也是大学生自我发展的需求。

单元三　学习能力

提到学习，大多数人最先想到的画面就是桌面上摆着厚厚的一摞书，面前放着考试倒计时，一个人为了提高成绩努力背书、做题……不可否认，这也是学习，只不过是学生时代的学习状态。职场中的学习也很重要，只是学习的范围不拘泥于书本，学习的内容也不仅仅是理论知识，学习的方式也不是简单地背书、看书，学习的目的也不在于考试。

只有不断学习的人才有可能成为21世纪的高效能人才，成为未来的成功者。学习就像"充电"，如果停止学习很快就会"没电"。逆水行舟，不进则退，只有树立终身学习的观念，不断提高自己的学习能力，才能在职场中崭露头角。

学习能力的养成

一、职场中的学习与学校中的学习

职场中的学习与学校中的学习有诸多不同。首先，在职场中学习的目的是提升解决实际问题的能力，增强职场的竞争力。其次，职场中碰到的问题不可能像教科书中的案例那样规范，经常无先例可循，需要自己寻找解决的途径。再次，职场中的许多问题，一旦出现就必须尽快解决，而不能等到条件具备后再慢慢解决。最后，职场中一个问题的处理，通常需要了解和学习多个领域的内容，所以只能从点突破。

人无完人，任何人都有自己的缺陷和能力相对较弱的地方。也许你在某个行业已经具备了丰富的技能，但对于新的领域，你没有任何优势，需要用空杯心态学习他人的经验。

19世纪的文盲是不识字的人，20世纪的文盲是不会用计算机的人，21世纪的新文盲则是不懂再进修、再学习道理的人。世界发展到今天，行业的发展和知识的更新已经到了日新月异的地步，个人只有不断掌握新知识，才能让自己的路越走越宽。

未来社会的竞争是人才的竞争，更是学习能力的竞争。作为职场中的团队成员以及独立个体，个人应该在自身的职业生涯规划下，不断提升自己的学习能力，把企业提供的学习机会和自身的学习能力有机地结合起来，不断提升自己，这样才能实现个人的发展。

二、学习的途径

知识的力量是无穷的，大学生要相信自己获取知识的能力，从现在开始，立一个志向，不断地学习，不断地努力，增长自己的知识，增加自己身上的“能量”。

每个人学到的知识会成为自己的东西，永远不会消失，要将知识转化为前进的动力。我们应该时刻牢记：知识就是力量，知识的力量是无穷的。只有用知识武装自己，才能够取得事业上的成功！

（一）从书本上学习

拓展阅读

一位建筑师的故事

一位建筑师在回顾以往之后，将他多年积累的工作经验提供给我们作参考。虽然现在他已年届80岁，但是他工作的积极性依然保持着。他说：“我认为读书对我攀登事业的高峰有非常大的帮助。经过了好多年，我还深深地认为职业不仅是工作，更是一连串的读书与学习的过程。唯有建立在稳固的知识基础之上的工作，才能被愉快地胜任，进而取得成功。

“在求学时，我一直是一个优秀的学子，高中毕业之时，还曾代表毕业生致答谢辞。我在大学时，发现自己对那些与建筑和工程有关的课程喜爱异常。

“教育不但充实了我，还为我未来的工作铺了一条康庄大道。我的求知欲非常强，经常在闲暇之时阅读一些与建筑历史有关的书。我猜想别人可能认为我是位学问好、非常快乐，而又自负的老人。实不相瞒，他们的见解是完全正确的。”

这里所讲的建筑师的读书态度与工作经验和其他成功人士相比有很多类似之处。

21世纪是知识经济的时代，文化的繁荣、社会的进步、经济的发展，无一不是建立在知识的基础之上。全球经济一体化，商业知识的高度密集，企业的管理、领导、决策，也无一不显示着知识的魅力所在。知识被人们当作衡量人的社会价值的标准。人们之所以重视读书，是因为读书在获取知识的过程中起着重

要的作用。要知道,读书是获得知识的一条重要途径。

虽然书本知识是间接的,但它是人们在学以致用的活动中总结出来的,因此,书本上的知识有着非常重要的价值。而且,通过读书获得知识有很多的优越性,它不受时间的限制。如果你想回到原始时代体验原始人的生活,你可以通过阅读历史书把这一想法变成现实,这样可以越过时间,了解原始人的生活情况。

21 世纪的大学生应用全新的眼光看待社会。现在是一个信息化的时代,所谓信息化,其实就是知识化。在 21 世纪,知识不但会急剧膨胀,还会迅速传播,发挥其无尽的魅力。

世界著名的未来学家们对新世纪做了一个展望,他们一致认为:在 21 世纪,人类会以一个前所未有的速度发展。印刷出版物会像潮水般涌来;信息每天都会不停地对人的头脑进行轰炸;每天都会有新的科学理论和技术知识更新。昨天的科幻小说,在今天就可能变成现实,人脑能想到的东西,科技就可能把它创造出来。在 21 世纪之初,在知识经济来临之时,知识与技能成了人们生存与就业之根本,大学生不养成随时补充知识的习惯是很难适应社会发展的,也是很难成为 21 世纪高效能人才的。

(二)向他人学习

任何人都有自己的优点、长处,他人的优点和长处也许正是我们所缺少的,只要善于观察,努力地学习他人的优点,终有一天,你也会拥有这些优点。其实,不光是优点,他人的缺点、不足也是值得我们引以为鉴的。总之,一个善于学习的现代人才,不会轻易放过从他人身上学习的机会。

向他人学习需要做到以下几点:

1. 发掘并学习他人的优点

俗话说:“尺有所短,寸有所长。”再聪明的人也有缺点,人无完人,大学生更应意识到这一点,只有学习别人的优点并为己所用的人才是真正的智者,才是真正能成就大事业的人。

许多人的成功就是建立在学习他人的优点之上的。学校的老师经常给学生讲榜样的故事,其实也是同样的道理,看到他人的优点,学习他人的优点,自己就能少走弯路,早日有所成就。

2. 从他人的言谈中学习

向他人学习，要学习他人的优点，也要从他人的言谈中学习。语言的力量是巨大的，有时候他人的一两句话就道出了你的不足，激起你学习、奋斗的热情。

3. 从别人的批评中学习

作为现代高效能人才，大学生不但要能从别人的优点、别人的言谈中学习，更应从别人的批评中学习。批评其实也是一种言语，只不过它更应为我们所重视，更有利于我们学习进步。

批评我们的人无论其动机如何，我们都不应对他产生猜忌心理。认为人人都是自己的敌人是相当危险的。敌人的批评多半是对的，可有些人无论自己对不对，总要设法替自己辩解，于是渐渐养成一种自己绝对正确的观念。我们应该从别人的批评中提高自己，将别人的批评为己所用，不断改进自己，完善自己；要欣然接受别人的批评，并将其作为自己前进的向导。

4. 从失败中学习

每个人都会经历失败。有的人陷于失败，却不知道自己已经具备了成功的条件。还有的人把成功道路上遇到的障碍当作敌人，恐惧且迟疑，不敢前进。实际上，这些障碍是命运带来的朋友和助手。要想成功，就必须突破障碍。只有经过奋斗和多次失败，才能获得事业的胜利。每一次失败，每一次奋斗，都能磨炼你的意志，增强你的体魄，提高你的勇气，考验你的忍耐力，增强你的自信心，并培养你的能力。

每一个障碍都是一个考验，每一次挫折都是一次前进的机会，逃离它们，躲避它们，反而会离成功越来越远。

失败能把你磨炼得更坚韧、果敢和聪明，所以不要害怕失败，要接受失败的挑战，坚持到最后，你一定能有所成就！

单元四 表达能力

表达能力是指以口头或书面的形式表达自己的思想、认识和情感的能力。作为当代大学生,表达能力是不可缺少的,必须加强培养。大学生在读书期间要珍惜在大庭广众下交流观点的机会,增强口头表达能力。大学生还要注重书面表达能力的培养,书面表达能力主要是指写作能力,大学生要具有基本的应用文写作能力,还要学会写学术论文,文句有逻辑性和条理性。

一、表达能力概述

表达能力被誉为“敲开企业大门的第一块砖”,如求职信的撰写、个人材料的整理、接受用人单位的面试等都不能缺少表达能力。在大学生求职的每一个环节,表达能力都直接影响着求职的成败。中国人民大学在对就业困难学生的调查中发现,性格内向、不善于表达是学生就业困难的主要原因之一。

大学生在读书期间要有意识地增强口头表达能力。例如,大学生在课堂讨论活动中,应踊跃发言,只要持之以恒,刻苦训练,口头表达能力就一定会增强。口头表达能力强,在走进社会找工作时也是一种竞争力。大学生要清醒地认识到,较强的口头表达能力要有广博的知识做后盾。因此,大学生还得加强品德修养、学识修养、心理素质、应变能力、逻辑思维等的培养。

大学生还要注重书面表达能力的培养。对一名大学毕业生来说,书面表达能力在将来的工作岗位上是极为重要的。有的人在工作岗位上动手写东西很费劲,拿起笔来不知从何下手,写出来的内容文字不顺、逻辑不通;有的人连通知、申请的格式都不清楚。因此,大学生在校期间要努力加强书写锻炼,不断提高语言和文字表达能力。

二、提升表达能力的技巧

小测试

人与人之间表达能力的差异,不是词汇量的差异,而是思维方式的差异。

先做一个测试：

尝试用 10 秒记住一组数字：52901461373805627948

再用 10 秒记住另一组数字：12345678901234567890

最后再用 10 秒记住一组数字：12345 67890 12345 67890

是不是感觉最后一组数字最容易记住？其实三组数字的组成完全相同，为什么第三组数字最容易记忆？

如果重新排序，是否更好记忆呢？ 11 22 33 44 55 66 77 88 99 00

大脑就是如此，对短的、有规律的内容更容易记住。同理，有效的表达能让对方更容易接收你想要传达的信息。

（一）言之有物，倚重于长期积累

表达能力之根本在于言之有物，而非空洞无物、泛泛而谈。无论是职场交流、日常闲谈，还是上台发言、生活对话，内容的充实与否始终是沟通是否有成效的关键。犹如茶壶内盛满香茗，方能倾倒出甘醇的茶水；同样地，脑海中储备了丰富的知识与思考，才能流淌出有深度的言辞。然而，即便脑中有所积淀，也未必能轻易表达，更何况脑中空无一物，则必定无从谈起。

积累并非仅仅意味着信息的堆砌，还包含对信息的深度处理与内化。初级阶段的积累注重信息的广泛摄取与简单记忆，而高级阶段的积累则强调对信息的深入思考、理解、运用及熟练掌握。有些人在表达时可能出现紧张情绪，这往往源于积累的不足与对内容的生疏。如同背诵“1 + 1 = 2”这样简单的算术公式，无论何时何地都能脱口而出，自然从容不迫；同理，只有当我们对表达的内容了如指掌、深谙于心时，才能摆脱紧张的束缚，自信地展现自我。

（二）思维清晰，逻辑亦需严谨

提升表达能力，积累固然重要，但更为关键的是有效地传递信息，让他人准确理解我们的意图。这便涉及对受众认知规律的把握以及表达技巧的运用。有效的表达不是自我陶醉式的独白，而是需要注重受众的接受体验，确保信息能够清晰明了地传递给对方。

在表达过程中，我们应遵循一定的逻辑结构，将内容分解为短句，按照一定规律和规则进行分类组织。以服装搭配为例，我们可以根据季节将服装分为春装、夏装、秋装和冬装；也可以按照颜色划分为深色系和浅色系；还可以根据不同场合划分为工作装、休闲装、运动装或宴会装等。通过这样的分类与组织，帮助受众更好地理解和接受我们传达的信息。

相反地，如果我们一股脑地将所有信息倾泻而出、不加筛选和整理地堆砌词句，不仅会让受众感到困惑和混乱、无法抓住重点，同时也会让我们的思维陷入混沌状态、让我们难以保持清晰连贯的表达。因此，在提升表达能力的过程中，我们必须注重培养清晰且有条理的思维方式、确保逻辑的严谨性和连贯性。

（三）明确目标，贯穿表达始终

表达的核心在于明确并贯彻目标。这一过程涵盖三个阶段：表达前的目标设定，表达中的目标围绕，以及表达后的目标落实。许多人在开始表达时能够清晰地设定目标，然而在表达过程中却容易受外界影响而偏离初衷。例如，在与领导沟通时，紧张情绪可能导致其忘记主要目标；或在讨论中被他人的观点带偏，从原本的资源争取转变为无谓的争论和解释。

表达结束后的目标落实至关重要，它决定了之前的沟通是否有效。真正的表达力体现在能够始终围绕自己的目标，即使过程中有所偏离，也能及时回归主题。表达完成后，应迅速行动以确保目标得以实现。为此，将主要目标分解为若干小目标并逐步实现是一种有效策略。即使最终未能完全达成目标，这种逐步推进的方式也能确保我们在正确的方向上前进。

（四）情绪管理，重在收放自如

人们常说："情绪是本能，但控制情绪才是真本事。"情绪管理的关键在于"控制"——不是为了简单地释放情绪，而是为了更好地实现目标而恰当地表达情绪。

无论是愤怒还是喜悦，情绪的外泄都应该有明确的目的性。只有让他人真切地感受到我们的情绪，我们的表达才能产生预期的效果。例如，一些演讲者能够用富有感染力的语言调动听众的情绪，而另一些人则只能平淡无奇地陈述事实。如果连自己的情绪都无法有

效地表达，又怎能期望去影响他人的情绪呢？

情绪管理不是简单地压抑或放纵情绪，而是在适当的时机以适当的方式表达情绪。这需要我们具备收放自如的控制力——在不应该发怒的场合，即使怒火中烧也能够保持冷静。智者不仅能够准确地传达自己的情绪，还能够通过自己的情绪去影响和调动他人的情绪。

（五）表达过程，以感同身受为要旨

表达的至高境界在于运用利他的策略达成个人目标。在此过程中，换位思考及感同身受的能力尤为关键，它们是有效沟通不可或缺的要素。需时刻警惕陷入自我中心的误区，即只顾自身言辞的倾泻，而忽视听众的接受度与感受。

自顾自的信息输出是表达过程中的大忌，它往往导致信息的单向传递，而无法实现真正的沟通与交流。同样地，在与领导、同事或下属沟通时，我们应秉持关心对方的态度，设身处地感受他们的立场与需求，以利他的方式推动对话的进行，从而实现双赢的沟通效果。

单元五 人际交往能力

人际交往能力包括语言表达能力、倾听能力、交友能力、观察能力，以及处理生活中各种问题的能力。这种能力不是大学生独有的，但是却在大学生中存在特殊性。大学生在即将走向社会，做好入职前准备的阶段，更需要注重人际交往能力的培养。随着社会的发展，人际交往能力越来越受到大学生重视，大学生对人际交往也有着更加积极的态度和迫切的要求。

人际交往能力的养成

一、人际交往能力概述

当大学毕业生走进社会时，会与各种各样的人打交道。在与人交往过程中，能否正确有效地协调好与他人的各种关系，能否得到他人的支持、帮助，不仅会影响个人的心理、生活感受，甚至会影响其事业的发展。所以，大学生要学会与人相处，善于听取意见，树立良好的团队协作精神；要培养与同学、老师、领导、同事打交道的能力。与同学交谈，可以讨论不同的学术观点，可以谈对社会现象的不同认识，在论辩中提高自己的思辨能力；与老师交谈，可以交流读书心得，厘清不同的思想认识，从中受到启迪；与领导交谈，可以充分交流自己对问题的不同见解，锻炼自己在领导面前不怯场的能力；与同事打交道，可以了解他们的工作状况和不同的心态。学会与人交往，你会从中学到很多书本上学不到的东西。

在与人交往的过程中，要学会宽容。宽容是一种美德，“海纳百川，有容乃大”。人们只有具备一定的人际交往能力，善于处理各种人际关系，才能在工作中充分施展自己的才能。在人际交往中，我们要以善良、诚实的传统美德来善待他人，将心换心，以诚相待；要学会尊重他人，换位思考，多设身处地为他人着想，这样才能得到他人的尊重；要具有既能干大事又能做小事的本领，要有甘当小学生的精神；要学会处理具体问题，既坚持原则，又不失灵活性。

二、人际交往的原则

人际交往的主要原则有平等原则、相容原则、互利原则、信用原则、宽容原则。

(一)平等原则

人际交往,首先要坚持平等的原则。无论是公务还是私交,人与人之间都没有高低贵贱之分,要以朋友的身份进行交往,这样才能深交。切忌因工作时间短、经验不足、经济条件差而自卑,也不要因为自己是大学毕业生、年轻而趾高气扬。不良心态会影响人际关系的顺利发展。

(二)相容原则

相容主要是心理相容,即人与人之间要相处融洽,与人相处时要宽容、忍让。主动与人交往,广交朋友,交好朋友,不但要交与自己相似的朋友,还要交与自己性格不同的朋友,求同存异、互学互补,处理好竞争与相容的关系,这样才能更好地完善自己。

(三)互利原则

人际交往是一种双向行为,故有"来而不往非礼也"之说,只有单方获得好处的人际交往是不能长久的,所以要双方都受益,这不仅是物质上的,还有精神上的。同时,交往双方都要付出和奉献。

(四)信用原则

人际交往离不开信用。信用指一个人诚实、信守诺言。古语云"一言既出,驷马难追"。人要遵循以诚实为本的原则,一旦许诺,要设法实现。朋友之间,要言必信、行必果,不卑不亢,端庄而不过于矜持,谦虚而不矫饰诈伪,不俯仰讨好位尊者,不藐视排挤位卑者,这样才能获得别人的信赖。

（五）宽容原则

宽容表现在对非原则性问题不斤斤计较，能够以德报怨，宽容大度。人际交往中往往会产生误解和矛盾。大学生个性较强，同学之间接触又密切，产生矛盾不可避免。宽容克制并不是软弱、怯懦，相反，它是有度量的表现，是建立良好人际关系的润滑剂，能化干戈为玉帛，赢得更多的朋友。

人际交往能力与社交经验的关系十分密切，如果可以提高自己的人际交往能力，人们的日常社交生活也会得到改善。

有些人认为人际交往能力是与生俱来的特质或属性。譬如，一个社交能力强的人天生外向、善于交际。所谓"江山易改，禀性难移"，要改变人际交往能力实在比移山更为艰难。但多数的心理学家并不赞同这种看法，他们认为只要能辨认出可以预测人际交往能力的因素，便可以设计一些课程培训这种能力。

通过对人际交往的特点以及交往原则的认识与理解，我们可以领悟人际交往的一些知识，并找到合适的方法培养人际交往能力，促进自身的人际关系发展，塑造自身的形象，以积极的态度和行为对待人际交往，建立和谐的人际关系。

现代社会，交际能力的强弱已经成为衡量一个人是否具有良好社会适应能力的标准之一。一个没有交际能力的人，就像一艘没有帆的船，难以在社会的大海中航行。

三、人际交往的技巧

但凡社交能力出众的人，均能在合适的场景使用一定的交际技巧，这是深入交往与持续交往的增效剂。以下是几条比较实用的人际交往的技巧。

（一）对不一致的问题进行讨论、协商，避免争吵

对不一致的问题争吵的结果，往往是双方比以前更相信自己绝对正确。从维持人际关系的角度讲，争吵没有赢家，因此，解决不一致的问题的有效途径是讨论、协商，而不是争吵。

（二）尊重他人意见，避免直接指责

直接指责是一种对对方的否定，会使对方处于强烈的自我防卫状态，其效果恰好与预期的目的相反，无法起到想要的作用。因此，要用支持别人自我价值、尊重对方意见的方式与人相处，特别是当发现别人有明显的错误时，可以委婉地提醒别人，使别人感受到我们的善意。

（三）如果自己错了，就坦率地承认

当你意识到自己的错误时，千万不要把责任推卸给别人，或者为自己找借口；勇敢地承认错误，会比为自己辩护显得更有担当。换位思考一下，如果是你身边的两个人犯了错误，一个人为了面子不断为自己找借口，另一个人承认了错误并给出了解决方案，哪个人给你的观感更好？哪种方式能更快地解决问题？在别人责备你之前，自己先承认错误，再给出解决的方案，这才是面对错误时正确的处理方式。

（四）真诚地从他人的角度看事情，理解他人

当别人的观点或做法在你看来很愚蠢时，不要直接表达你的看法，先了解别人为什么这么想、这么做。当你将眼光移到别人的视角看世界、体验世界时，你会获得许多从来没有的理解，包括对某些看似荒唐的念头和做法的理解。

（五）掌握批评的艺术，有效地提醒他人的错误

在长期的人际交往中，我们都期望能够与人和谐相处，维持那份难得的友好关系。但在这漫长的交往过程中，难免会遇到他人犯下错误或做出不当行为的情况。面对这些，我们往往处于一种两难的境地：是选择直言不讳，指出对方的错误，还是选择沉默，维护那脆弱的和谐？其实，为别人的错误提供必要的反馈，并不是为了打破这份和谐，反而是为了更长远地维护它。

首先，提供反馈体现对对方的尊重和关心。当我们愿意花时间去指出对方的不足时，说明我们在意这段关系，希望它能够更加稳固。这样的行为，无疑会增进彼此之间的了解和信任。其次，反馈也是帮助对方成长的一个重要途径。没有人是完美的，每个人都在不断地学习和进步。当我们给予别人真诚的反馈

时，其实是在为他们提供一个改正错误、提升自己的机会。最后，及时的反馈还可以防止小问题积累成大错误，从而在根本上维护人际关系的稳定。因此，为了保持人与人之间的和谐，维持良好的人际关系，为别人的错误提供必要的反馈是重要和必要的。这既是对他人的尊重，也是对他人的帮助，更是对双方关系的一种负责任的态度。

虽然每个人交朋友的目的不尽相同，对朋友的要求与期望也不一样，但有一点可以肯定——我们都需要朋友。在现代社会，可以说任何一项工作都无法在孤立的状态下完成，不会交往就不能较好地完成工作。对一个集体或团队来说，良好的人际关系意味着团结、和谐、力量和事业的发展，这正是用人单位重视大学生人际交往能力的原因。

小贴士

人际交往中如何“对症下药”？

“症状”一：生活在自我世界里，失去人际交往的机会。

可能的行为表现如下：

（1）沉默寡言，很少与人交谈。

（2）面对陌生人会退缩。

（3）说话紧张，无法完整地表达自己的想法。

（4）独来独往，少有朋友。

可能的原因分析如下：

（1）缺乏人际交往能力。

（2）自我封闭，不爱说话。

（3）自信心不足。

（4）不喜欢与人打交道。

自我训练策略如下：

（1）在活动中积极寻找人际交往的良好方式。

（2）进行自我肯定（自信）训练。

（3）进行强制交往训练，主动与他人接近。

（4）进行多种交往实践，鼓励自己表达看法。

（5）培养兴趣，结交朋友，扩展人际关系。

“症状”二：自我意识强烈，不愿合群，易与人产生误会和争论。

可能的行为表现如下：

（1）朋友不多。

（2）遭人排挤。

（3）意见特别多。

（4）对任何事情常持怀疑的态度。

（5）喜好争辩，常与人针锋相对。

（6）常挑剔别人或被别人挑剔。

（7）与认识的人形同陌路，不打招呼。

可能的原因分析如下：

（1）有以自我为中心的思考方式，自私自利，不易与人妥协。

（2）不善于表达想法，缺乏沟通技巧。

（3）主观意识强烈，强词夺理。

自我训练策略如下：

（1）开放自己，接纳他人。

（2）培养领导能力，学习服从态度。

（3）培养民主风度，尊重他人看法，接纳不同意见。

（4）自行设计活动，学习沟通技巧。

（5）对他人提出建设性意见，减少负面批评。

（6）以理性、温和的言辞代替辩论。

“症状”三：出言不逊，行为偏激，人际关系不协调，偶有冲突事件发生。

可能的行为表现如下：

（1）言行偏激，态度傲慢。

（2）不服管教，顶撞师长。

（3）欺负弱小。

可能的原因分析如下：

（1）性格发展较不健全。

（2）有强烈的以自我为中心倾向。

（3）冲动易怒，缺乏同情心。

（4）将抗拒权威当作英雄主义的表现，并以之作为肯定自我的方式。

（5）自尊心受到伤害，抗挫折能力弱。

自我训练策略如下：

（1）学习良好的人际互动方法，学会互相尊重、互相帮助。

（2）采用人性化的行为规范、准则，以理性、民主的态度指导自己的言行。

（3）创设自我表现的机会，从成功的经验中获得自我肯定。

（4）从专门的心理辅导机构获得帮助。

单元六　信息处理能力

当今社会正处于数字技术飞速发展的时期，充分利用数字科技的力量，有效搜集、认知、分析、利用各类信息来帮助自己提升信息处理能力，进而将其应用于工作之中，是当代每一位大学生的必修课。

一、信息的含义

“信息”一词因应用领域不同而有不同的定义。信息大体上分为以下几种：

（1）用于自我发展的信息。这种信息对增长自己的见识和促进职业发展有很大的作用。要善于在收集到的信息中挖掘出对个人有价值的信息。

（2）用于预测将来的信息。与将来个人发展密切相关的信息可以验证自己的奋斗目标和方向是否符合实际。

（3）交往信息。交往信息可用来拓展人际关系，使个人与他人交流时，顺利地捕捉要点、切中要害，为自己的工作打开良好的局面。

综合来看，信息应包含下列内容：

（1）事实、真实：指还未经“加工”的事件拥有的原始面貌。

（2）消息、通知：指由传达而来，已经过某种程度整理的事实。

（3）知性、智慧：指由经验或理性推理创造的事实或思考方法。

（4）知识：指由发现及思考产生的系统化概念。

（5）报告：指经过事实调查后得出的记录结果和结论。

（6）资料、记录：指汇集事实后记录下来的所有文字。

（7）报道、传闻：指有新闻价值的最新事实，和对事实的传达。

二、信息整理的重要性与方法

现代社会的主要标志是社会生活的信息化、数字化。现代社会中,信息作为一种重要的资源和财富,越来越受到人们的重视。社会发展更多地依赖人类后天获取信息、存储知识,以及处理信息资源的能力。那些善于搜集、整理、分析、处理信息的人,能不断地发展进步,获得事业的成功。

信息社会必定是一个终身学习的社会。当代人,无论是学习工作,还是求职应聘,最终成功与否,与其获取信息和处理信息能力的强弱息息相关。

掌握的信息越多,明辨是非的能力就越强,决策的空间就越大,并可以从中发现新的机遇和新的发展方向,拓展新的发展空间。

信息处理能力是当代大学生的重要能力之一。大学生如果处理信息的能力差,就会对新事物反应迟钝,停留在陈旧落后的思维方式和认知水平上,就会安于现状,失去很多发展的机遇。

搜集信息是处理信息的基础和前提。通过信息的搜集与整理,可以形成良好的信息搜集意识,形成主动利用多种渠道和方式,高效地搜集、吸纳有效信息的习惯,帮助我们在有限的时间内搜集到足够准确、可靠的资料与依据。下面将从两个方面简要说明如何做到有效整理信息。

(一)信息整理要以缩短“检索时间”为目的

简单地说,整理是以缩短检索时间为宗旨,以提高效率为目的的。“检索时间”原来是计算机领域的专用名词,指从查询、搜索到获得资料的整个过程所花费的时间。例如,当你在写作时,遇到不会写的字,从离开书桌拿字典,到翻开字典找到所要查的字,其间花费的时间,便可用“检索时间”来称呼。如果仅仅为了书架外观的整洁漂亮,而在整理书籍时以书的大小分类,外表上看起来也许很美观,可是当你想要找到需要的资料时,却要颇费一番周折。反之,不以书本大小为分类标准,而以种类编排书籍的书架,虽然外表看起来凹凸不平、不够美观,但以“检索目的”的观点来看,却能发挥书架的真正效用,达到事半功倍的效果。

(二)信息整理要以个人需求为中心

为个人而做的信息整理,不必考虑他人的立场,只要自己使用方便,不用管别人的看法如何。例如,如果想要把百科全书当作装饰品彰显知识和品位,那把它摆在客厅的书架上最合适;但如果想在查资料时能迅速找到想要的书,那把它放在书桌前,按固定顺序放好,才能真正做到物尽其用。

在信息整理上,一旦顾虑太多,就无法发挥功效。在整理时,必须以自我需求为原则,并且以缩短检索时间为目的,如此才能设计出一套适合自己的整理方法。但是,如果费心设计出的整理方法,即使未掺杂其他因素,实行后却发现所需的检索时间比整理前更长,那么这一套整理方法就要重新研究了。

三、信息搜集的技巧

大学生要提高信息素养,必须强化博学观念,以求知若渴的精神,虚心向书本学习、向实践学习、向他人学习,尤其是要认真学习与搜集信息有关的知识和方法,以便能够迅速有效地发现和掌握有价值的就业相关信息。获取信息的渠道是宽广而通畅的,形式多样的新闻媒体、四通八达的互联网络、层出不穷的参阅资料、日益增多的社交场合等都是信息的重要来源。要处处留意,及时记录、整理搜集到的信息,机不可失,时不再来。

(一)杂志资料搜集技巧

搜集资料时,只选择和主题有关的文章,这样搜集的资料才真正有使用价值;以自己的兴趣、专业和经验搜集资料,才不致过分空泛。坚持这种取舍原则,专攻自己的专业,一定能找到很多资料。从杂志上撕下来的资料,要立刻用订书机装订好,记下杂志名称和出版日期等,最后再放进资料袋里。如此积存一段时间后,每个资料袋都如一本书,可取出资料审查一遍,再一次决定这些资料是否有保存的必要。

(二)书籍资料搜集技巧

大学的图书馆也是一个重要的信息源。有些图书馆只对校友、在校生开

放,有些则会对外开放。会利用大学图书馆的人,大多是精于信息搜集的人。如果要搜集特定行业的信息,不妨在社会的图书馆和资料中心寻找。有些企业甚至有自己的图书室,这也是一个方便的信息源。专门的博物馆也具有图书馆的功能,博物馆的工作人员和图书管理员一样,都有释疑的能力,是不可忽视的信息源。

(三)电子资料搜集技巧

电子资料是资料样式之一。它是运用电子计算机和大规模集成电路技术,并结合现代通信技术而形成的一种资料。计算机具有电子化、数据化等性能,因而电子资料在储存、检索、传输等方面,具有很大的优越性,即容量大、传输快、精确度高、灵活方便、声色俱全、图像可见等。就载体、容量、传输、使用而言,电子资料较之以手工和机械方式为主的传统资料形式是一个飞跃。电子资料的搜集与整理有两个重点。

(1)资料视觉化。电子资料不像一般文件能一眼看出所有的记载内容,因此必须通过视觉上的整理,使必要的资料在必要的时间迅速出现。

(2)预防意外事故。为了避免操作失当、机器故障、停电等突发事件导致资料损失,事先制定完善的资料管理方法是相当重要的。无论是使用随身型文字处理机,还是使用台式计算机,都必须注意及时储存和备份资料。

搜集信息是一个过程,不要一开始就为了获得全面的信息而投入过多的时间,否则,当耗费了很多精力而又得不到想要的结果时,容易失去兴趣和信心。信息搜集应该细水长流,看到了有用的信息就先留存下来,经过一段时间再统一整理,这样才能事半功倍。

单元七　团队合作能力

在现代职场中,团队合作已经成为工作常态,大学毕业生应具备基本的团队合作能力。

一、团队的概念及特征

团队是由两个或两个以上的人组成的集体,其成员之间在某种程度上有动态的相互关系。团队具有以下特征:①团队至少有两个成员;②团队的规模必须有所限制,以确保所有成员之间都充分了解,并且互相影响;③团队成员之间互相依赖的最低限度是一个成员的决策和行为会被团队的其他人重视;④团队在时间上有一定的连续性,即其成员之间的关系是一种历史的延续,或延续至可以预期的将来;⑤在团队中,集体的业绩成果要远远高于每个人付出的总和。

二、团队的类型

众所周知,团队是一个由相互联系、相互制约的若干成员组成的协作整体,经过优化设计后,整体功能能够大于部分之和,产生"1+1>2"的效果,这已成了人们的共识。因此,团队不仅被很多企业的管理者重视,也被每一个优秀的员工认同。作为企业的一员,一名优秀的员工能自觉地找到自己在团队中的位置,能自觉地服从团队运作的需要。

团队主要有四种类型:①问题解决型团队,如来自同一部门的5~12名员工,每周聚在一起几个小时,探讨如何提高工作质量、效率或改善工作环境等;②自我管理型团队,如10~15名成员,履行上级分配的任务;③多功能团队,如由具有相同技术水平但在不同工作领域的人组成团队来完成一项任务;④虚拟团队,如团队的成员是分散的,但通过计算机技术联系在一起来完成某一任务。

三、团队合作能力的培养

团队精神也就是团队合作的能力。现在已经不再是单枪匹马打天下的时代了,个人必须懂得并善于与他人合作,发挥团队的战斗力。团队意识是让若干细丝拧成一根绳的意识。优秀的企业都很注重团队精神,并将之视为企业文化之一,希望员工能将个人努力与实现团队目标结合起来,成为可信任的团队成员。

所谓团队精神,是指组织成员对组织感到满意与认同,自觉地以组织的利益和目标为重,在各自的工作中尽职尽责,自愿并主动与其他成员积极协作、共同努力奋斗的意愿和作风。用人单位之所以看重员工的团队精神,是因为任何一个复杂项目,单靠个人的力量不可能完成,需要各种英才的汇集,发挥团队的智慧,同时辩证地处理好合作与竞争、个体意识与团队意识的关系。员工只有具备了团队精神才能更好地融入团队,协调好内外部的关系,进一步拓展市场和业务。

大学生培养团队精神应抛弃个人主义、自私自利的观念,在日常学习和生活中,要有目的、有计划地参与各种竞赛、学生社团、体育运动、科技文化等集体活动,在活动过程中自觉加强纪律观念和大局意识,培养团队意识和协作精神;要有主人翁精神,将个人利益与集体利益结合;要掌握与人交流和沟通的艺术,积极地与人交流沟通,与他人分享自己的想法,凡事采取合作的态度。只有处理好人际关系,才能形成并增强团队的凝聚力。

□实训演练

群策群力——团结一致泰山移

活动:同舟共济

目的:团队合作,创新思维,努力尝试,靠团队的力量克服困难,达成目的。

分组:每组 10 人以内,由老师随机分组。

准备:每组一张报纸(或其他替代物)。

要求:老师将报纸(或其他替代物)铺在地上,将其视为大海中的一条船,要求团队成员同时站在船上,一个也不能少。完成后将报纸对折,使面积减半并开始下一轮上船。

启示:随着难度的增加,成员会越来越努力,团队的凝聚力不断提高。活动的结果常常出乎团队成员的想象,团队成员创造性地发挥全组智慧,充分体会到团结的力量。

□思考与讨论

1. 大学生就业需要哪些能力? 其中哪些是基本能力,哪些是企业最看重的能力? 在这些能力中,你具备哪些,又有哪些欠缺?

2. 职场中的学习与学校中的学习有何不同? 在职场中,你应该通过哪些方法继续学习?

3. 你的表达能力和人际交往能力如何? 假如身边有社交恐惧型的同学,你将给他哪些提高人际交往能力的建议?

4. 你在信息搜集和处理方面有哪些心得? 和同学们讨论并分享一下。

5. 根据自己的情况分析自己当前的不足之处,制订提高自身就业能力的计划。

6. 阅读下面的案例,展开思考与讨论。

善于钻研创新的铁路“蜘蛛侠”

“绿灯,出站信号开放。”沙盘上,一列复兴号动车模型启动后平稳加速,通过岔区,爬上坡道,驶过合福高铁跨西岭互通特大桥,随后穿越隧道……最后,在福州站二站台对标停车。

这是中国铁路南昌局集团有限公司福州供电段职工小孟给15名刚入职员工进行岗前培训的一幕。他们面前30多平方米的沙盘上,动车、供电接触网、信号灯等铁路枢纽中的各种行车设备栩栩如生。

如此高精度的沙盘,是小孟用时近3年,纯手工打磨了3万多个零部件组装而成的。

1990年出生的小孟从小痴迷火车,单是收藏的各类机车模型就有近百个。火车飞驰为什么需要铁轨?它靠什么产生动力?不同型号的火车作用一样吗?小孟从小就对这些问题特别感兴趣。2010年,带着这些问题,小孟考入了某铁路职业技术学院电气自动化技术专业进行学习。

大学期间的学习实践,让小孟把爱好变为了"专业"。在老师的支持和鼓励下,他率先创建了科技型学生社团——铁道社。在社团里,他们将课堂上学到的理论知识变为手中的一个个模型。经过无数次探索尝试,小孟和同学们自主设计研发并制作完成了该校首套电气化铁路教育教学综合实训平台。

这个项目应邀参加了第十二届中国国际轨道交通展览会和第十届中国国际隧道与地下工程技术展览会,受到业界高度评价,并成功申请了国家发明专利和实用新型专利各1项、软件著作权2项。

"那是我制作的第一个沙盘模型,看到模型在轨道上飞驰,也给我的梦想插上了翅膀。"小孟表示。

2013年,小孟毕业进入中国铁路南昌局集团有限公司福州供电段工作,正式成为一名铁路接触网工。

铁路接触网工被人们称作铁路"蜘蛛侠"。在接触网上作业时他们的身体几乎完全悬空,全身的重量都由只有拇指粗细的承力索承担。同时,还要对接触网进行检修。

刚参加工作的时候,小孟几乎每天都要研读写满密密麻麻公式的专业操作手册。这些外行人看似"天书"的操作手册,却是每一位铁路"蜘蛛侠"的宝典。为了熟练运用这些操作技能,小孟花了半年的时间研读专业操作手册。

"自己淋过雨,就想给别人撑把伞。"感受过"啃书"的枯燥与晦涩,小孟总想找一种更容易的方法让新职工更快熟悉操作流程。

善于思考的小孟又想起了在学校制作的沙盘,"我为什么不能把复杂的接触网线、铁路线路、信号机等汇集成一个铁路沙盘模型,让新职工直观地理解'天书'的精髓呢?"

说干就干,小孟自费购置了有关工具材料和模型,利用业余时间行动起来。

要做出高精度的沙盘,首先要了解现场实际结构。为此,小孟一遍遍赴现场考察、一次次绘制图纸、一回回改进制作工艺。每当遇到瓶颈的时候,他就打电话向母校的老师请教。

近 3 年的时间,小孟几乎把所有的业余时间都用在了这个工程项目上。电气化沙盘模型虽然很小,但在教学实践中起到了大作用,这套系统大大提高了职工理论培训的效果。该沙盘自运用以来,已累计完成 24 期 2800 人次的培训任务,并得到参培人员的一致认可和好评。

2020 年,小孟被聘为中国国家铁路集团有限公司兼职培训师。“在沙盘上学到的知识,只要让大家在应急抢修中用到一次,我的努力就有价值,我的奋斗就有意义!”小孟说。

案例来源:河北新闻网,https://m.hebnews.cn/hebei/2024-03/21/content_9154258.htm,有删改。

请思考并讨论:

(1)小孟从学生时代就热衷于将所学理论知识应用到实践中,并取得了优异的成绩。这对我们今后的学习和工作有何启示?

(2)小孟在工作中遇到困难时,总是努力钻研、创新思路,最终攻克难题。这种精神值得我们学习,你是如何理解这种精神的?

(3)小孟利用业余时间自费研制沙盘,是出于什么样的初心?我们应该如何理解奉献和担当精神?

(4)你认为这个案例最打动你的地方是什么?结合自身谈谈你对理想、责任和使命的理解。

模块四　就业准备

案例导入

一位漫画家在漫画里说："人生总是比我们准备得要早一步，我还没有准备好出生就出生了；我还没有准备好上学就上学了；我还没有准备好毕业就毕业了；我还没有准备好上班就上班了；我还没有准备好恋爱就恋爱了；我还没有准备好结婚就结婚了；我还没有准备好做爸爸就做爸爸了；我还没有准备好死亡，它就来临了……"

你的人生，准备好了吗？

社会竞争加剧，大学生在求职应聘、职业选择以及职业发展上，将面临更多的困难。那么，大学生应该如何进行就业前的准备呢？怎样准备个人的求职材料？如何做好一份简历？怎样做好心理、知识、能力、技能等各方面的准备？本模块将介绍大学生就业前准备环节的理论知识与方法，希望为大学生就业提供帮助。

学习目标

1. 调整就业心态，掌握心理调适方法，以积极、健康的心态面对就业挑战；
2. 了解就业法律法规，增强依法保护自身就业权益的意识和能力；
3. 熟悉大学生就业的基本程序，做好就业前相关准备工作。

单元一　就业心态与心理调适

大学生就业心态是指大学生在择业过程中表现出来的一般心态倾向和特征。随着我国高等教育体制改革力度的加大和劳动人事制度改革的深化，大学毕业生就业由原来的国家计划、统包统配的模式转变为供需见面、双向选择、市场主导、自主择业的模式。这种就业模式的变化，既为大学毕业生提供了更为广阔的就业空间和择业自由，也给大学毕业生带来了前所未有的压力和挑战，使大学毕业生在就业过程中表现出特有的心态，并以此支配个人的择业行为和职业定位。因此，大学毕业生积极应对新的就业环境，培养良好的就业心态，是就业准备的主要内容之一。

一、大学生就业的心态及心理调适

面对激烈的就业竞争，大学生在求职就业过程中可能产生挫折心态、从众心态、嫉妒心态、虚荣心态等不良的心态。如何排除这些心态干扰，以良好的心态选择职业，同时接受社会的挑选，是大学生普遍关心的问题。心理调适的作用就在于帮助大学生解决遇到的心态矛盾和冲突，有效地排除心态困扰，以良好的心态去求职，增强心理承受能力。

（一）克服挫折心态

挫折心态是指人在从事有目的的活动遇到障碍时表现出来的情绪反应。一个人受到挫折后就可能陷入苦闷、焦虑、失望、悔恨、愤怒等多种复杂的情绪之中，因此挫折心态是一种消极的心态。

在就业问题上大学生受到挫折通常是因为他们的去向和抱负不能为社会和亲友所理解和接受，从而产生怀才不遇的感觉。这往往是大学生自我评价甚高造成的，而且通常是期望值越高挫折感就越强。如果受到挫折后不是认真反思，而是失去理智，盲目地一意孤行，就可能形成人格障碍，由此引起内心世界的严重扭曲,对健康人格的塑造构成严重威胁。

要正确对待挫折、战胜挫折,一方面,要进行自我分析,即通过自我认知自觉地调整自己的需要、动机、目的、情绪。另一方面,要进行自我冷化,就是对情感实行冷处理,用自己的理智驾驭情感。为了使自己冷静下来,可以试着进行呼吸训练、肌肉放松训练。此外自我暗示激励法、自我宣泄等都可以达到良好的效果。

(二)排除从众心态

从众心态是在社会或群体的压力下个人放弃自己的意见而采取顺从行为的心态倾向。当个体认为群体的规范、他人的行为正确的时候,他的从众表现才是自愿的。有时候个体认为群体的规范、他人的行为并不合适,但又没勇气加以对抗,这时的从众心态是我们要克服的。从众心态严重的人容易接受暗示、无主见、依赖性强、不能独立思考、迷信名人和权威,往往说违心的话、办违心的事。

在大学毕业生就业问题上,从众心态表现为渴望到大城市、大机关工作。其实到大城市、大机关工作并不一定是你最佳的职业选择,只是受从众心态影响的结果。古往今来,大多能成才者都具有很强的创造力和思维能力,能摆脱从众心态的束缚。大学生应当具有较强的独立思考能力,逐步培养自己独立分析问题、解决问题的能力,从而克服从众心态的影响,为今后走向社会培养良好的心态素质。

(三)丢掉嫉妒心态

嫉妒心态表现为在他人的品质突出、才能和成就高于自己时产生的贬低、迫害他人的心理倾向。因此嫉妒心态是求职就业和个人成长的大敌。

嫉妒心态有两个明显的特征:一是指向性,即指向比自己能干和幸运的人。嫉妒的对象大多是自己工作、学习或生活环境中的同事、同学或者同龄人,即能力与自己相当或强于自己者。求职就业期间嫉妒心态往往表现较为突出。二是发泄性。除了轻微的嫉妒表现为内心怨恨之外,绝大多数的嫉妒都伴随发泄行为,如讥讽、诽谤,甚至陷害,只有这样嫉妒者的心态才能得到平衡。

要同嫉妒告别,驱除自私的杂念、开阔心胸是十分重要的。作为现代社会的年轻人,大学生应当开阔自己的视野、心胸,认识到在竞争中别人在某方面领先自己是正常的,要进行公平、公正的竞争,同时运用心理换位法将心比心。

(四)摒弃虚荣心态

虚荣心态也是妨碍求职就业的一种不健康的心态。虚荣心过强者在就业中往往把注意力集中在社会关注度高、收入高的就业岗位,不从发挥自身优势出发,不考虑自己的竞争能力,甚至不考虑自己的专长爱好,他们选择职业是为了让别人羡慕、做给别人看,而不是为自己寻找用武之地。然而在选择职业时正确的态度应该是首先自问——我需要什么样的工作?我适合做什么样的工作?我能得到什么样的工作?经过冷静思考得出结论并付诸行动,这样才可能真正丢掉虚荣心态的思想包袱,选择真正适合自己的职业。

(五)避免攀比心态

这山望着那山高。这句话如果用在激励自己积极进取方面则无可厚非,但如果用在求职就业过程中处处与别人比高下就不妥了,更何况现实生活中很多事物根本没有可比性。

事事攀比者在求职活动中往往显得缺乏主见、自信心不足,极易受他人干扰,会把注意力过多地集中到别人的就业取向上,害怕别人笑话自己没本事,总想找到一份十全十美的工作,以便吹嘘和炫耀。持这种心态谋职无异于逼着自己和别人同走独木桥,难免失足,而且这种心态往往会延续到就业时,如看到某人能力不如自己反而进了大城市、大单位,从而心态不平衡,影响工作情绪,这种心态实不足取。两山相比谁为高?山不在高,有“仙”则名,这个“仙”就是能够发挥自己优势的工作岗位,若想攀比的话就要憋着一股劲,比一比将来谁的贡献大、成绩好。

(六)抑制羞怯心态

很多大学生接触社会的机会不多,在校内熟人圈子里还比较自如,一出校门便感到手足无措,特别是毕业生就业制度改革方案出台后,他们在供需见面中普遍存在着羞怯心态,直接影响用人单位的取舍。羞怯作为一种经常性的心态按其成因可归纳为四种:自卑性羞怯、敏感性羞怯、挫折性羞怯、习惯性羞怯。如何在求职就业活动中抑制并克服自己的羞怯心态呢?首先,要增强自信心,有驼背成为捕蝉能手者，也有从小口吃的人成为雄辩家，关键要善于发现自己的优势，切不能为自己的短处所禁锢。其次，不要过多地计较别人的评论，因为只有自己最了解自己的实力。再次，平时争取机会迎难而上，多多锻炼。最后，要学会意念控制，在陌生场合预感自己可能紧张、羞怯时，暗示自己镇静下来，提醒自己别胡思乱想、自己吓唬自己。

（七）超越自卑心态

一方面，许多大学生在校期间练就了一身为人民服务的过硬本领，可就在面临毕业即将走向用人单位时却突然怀疑自己的价值和能力，总觉得自己不如别人，好像缺点很多，甚至一无是处，从而不敢参与就业竞争；另一方面，部分大学生因曾经犯过错误而抬不起头，或过分看重自己的缺陷和不足，甚至因自己的学校和专业不好而信心不足，结果错过了时机。超越自卑心态应做到以下几点：

(1)在心中列出自己的成绩单：有关学习、工作等方面的成绩或进展，文艺演出或体育比赛的成功或名次，自己做的某件事情曾受到老师、长辈或同学们的赞许。细细品味自己比原来想象的有价值和魅力，这样会使你在求职时更有自信。

(2)尽量表现得坦诚、直率，把自己取得的成绩、具备的才学展示出来。

(3)正视真实的自己。每个人都有自己的优势和不足，凡事可取而不可夺，此次不成还有下次，要善于解脱自己，要经常看到自身及现实生活中光明的一面，这样无论对求职就业，还是对走好人生之路都有积极的作用。

（八）放弃学而优则仕的自负心态

自负是在比较自己与他人的成就时，超越真实自我，夸大自己能力和作用的一种自傲的态度和情绪体验，自负表面上看像自尊，但其实质是严重缺乏自尊的一种过度反应。在就业过程中，由于部分大学生认为自己上了大学就是入了龙门，书读得多、学历高也就等于自己身价高，所以其就业的要求就高，社会上说的眼高手低就是指的这一现象，其结果是高不成，低不就，白白丧失了许多就业机会。

(九)摆脱依赖心态

现在实行的国家就业政策指导下的供需见面、双向选择,使许多存在依赖心态的大学生陷入困境。在传统就业意识的禁锢下,迷恋统包统分、恐惧竞争风险,把就业希望寄托在人事部门、教育部门、学校甚至家长身上,是依赖心态的具体表现,这种心态往往导致大学生对求职就业不闻不问,而成为学校的压力和家长的负担。具有这种心态的人一旦进入就业竞争的行列往往无所作为,落聘的风险极大。大学生只有面对实际、着眼基层、积极争取才有出路。

(十)消除焦虑心态

焦虑是由个人应对环境无把握引起的,并且感受到某种威胁的一种复杂的情绪反应,主要表现为恐惧、不安、忧虑以及某些生理反应。在大学生择业阶段,绝大多数人的心态问题为过度焦虑,常常表现为精神负担过重、紧张烦躁、心神不宁、萎靡不振,甚至在遭受挫折后产生恐惧感。这种就业性焦虑主要有三种情况:一是社会适应性焦虑,即将进入社会,心中却一片茫然,不知道如何处理与他人特别是同事的关系,不知道怎样安排自己的生活,担心自己所学的专业知识和能力不能胜任将来的工作。这种焦虑一般与独立能力不强或专业技能不佳有关。二是单位不确定引发的焦虑,包括等待焦虑和迟迟找不到工作单位的焦虑。三是选择带来的焦虑。

消除就业性焦虑,一要学会阳光思维,努力发现自己好的一面;二要自信,相信自己一定能找到工作并完全有能力胜任它,相信自己能处理好各种社会关系;三要客观评价自己,充分发挥自己的优势,并努力提高自己各方面的素养。

二、如何保持良好的就业心态

求职就业是对大学生综合素质尤其是心理素质的一次大考验,在就业过程中,良好的心态能够帮助大学生理智地认识自我、客观分析环境,有利于大学生充分发挥自己的能力,乐观应对挑战,坦然面对失利,积极把握机会,科学作出决策。保持良好的就业心态要做到以下几点。

(一)认清自我,定位准确

如果我们在面临就业选择的时候,充分地考虑了自己的各方面因素,选择了一种建立在自我深信不疑的思想基础上的职业,那么即使它不是最荣耀的职业,我们也会怀着崇高的自豪感去从事它,并因此不断给自己带来快乐和享受。宝贝放错了地方便是废物,最适合的就是最好的,如果我们错误地估计了自己,我们的选择就会给我们带来不尽的痛苦。所以,这就要求我们在就业决策之前先认清自我。认清自我就是客观地了解自己的职业兴趣、职业个性、职业能力、职业价值观等影响自己职业选择的因素,再根据自己喜欢做什么、适合做什么、擅长做什么、最看重什么及自己的优势和劣势做出职业定位。

职业定位既要考虑社会需求、工作环境、个人能力等方面的因素,又要处理好职业理想与就业现实之间的冲突,大学生应该主动随着就业形势的变化及时调整自己的就业期望值,从而将自己的就业心态调整到最佳状态。

(二)正视现实,自信豁达

现实是客观存在的,积极的心态就是正视现实,正视现实是适应现实的前提。成功的就业决策建立在对就业环境清醒认识的基础之上,既不幻想,也不逃避,无论现实对自己有利还是不利,都以一种乐观自信的心态去面对。在就业决策时,既要看到形势严峻的一面,以一种坦然的态度对待,又要坚信天生我材必有用,保持豁达自信。自信不仅是大学生成功就业必备的心态素质,也是对自我的认同和肯定。建立在正视现实基础上的自信,将让大学生在职业决策时以最积极的态度解决问题,以足够的承受力面对挫折,以足够的勇气迎接挑战。

(三)主动出击,勇于竞争

大学生就业制度的改革,一方面,为大学生和用人单位提供了双向选择的机会,让大学生能够根据国家赋予自己的权利,结合自己的条件和意愿挑选工作岗位,通过适当的途径和方式展示自己、推荐自己,从而得到用人单位的青睐;另一方面,大学生在拥有就业主动权的同时,也将面对日益激烈的就业竞争,就业竞争不可避免地给强者带来机遇,使弱者面临挑战。在这样的形势下,大学生要想在就业竞争中取胜,就必须强化自身的竞争意识,主动出击,勇于拼搏。

(四)不怕挫折,放眼未来

一方面,在激烈的就业竞争中难免会遭受挫折,遇到挫折要认真分析原因——是主观努力不够还是客观要求太高,是客观条件苛刻还是主观条件不具备。只有认真分析,才能心中有数。同时,挫折虽然带来了暂时的伤痛,但也可以磨炼意志。所以,遇到挫折不能消极退缩。

另一方面,在激烈的就业竞争中,由于种种原因——也许是专业不对口,也许是工作条件差,也许是待遇差,部分大学生的职业愿望难以实现,但无论怎样,这都是自己的新起点,虽然现在难以尽如人意,但一定要相信,随着自己的努力,通过就业环境的改善,今后一切都会好起来。

单元二　依法保护自己的就业权

一、毕业生就业的基本权益

普通高校毕业生在就业过程中享有多方面的权益，清楚了解自己在就业过程中享有的一系列权利以及如何更好地在求职过程中维护自己的权益是实现顺利就业的重要保障。

毕业生要顺利就业，必须明确自己享有的权利。只有明确了这些权利，才能更好地维护自己的权利不受侵害。根据目前就业规范的有关规定，毕业生主要享有获取就业信息权、接受就业指导权、被推荐就业权、就业自主选择权、公平待遇权、违约求偿权等。

二、毕业生就业权益的自我维护

目前就业难，部分企业利用毕业生急于求职的心态，用各种手段进行招聘诈骗。那么，作为求职的毕业生，我们又该如何维护自己的权益呢？

想要真正有效地维护自己的权益，保护自己，就要具备五大意识。

（一）法律意识

了解与就业相关的法律法规、政策制度以及劳动用工的相关规定，并在学习这些法律、政策、规定的过程中，逐步培养一种用法律进行思维的意识，即法律意识，在这种意识的指导下，真正做到懂法、守法、用法。求职过程中，用法律思维思考碰到的问题，知道法律是如何规定的，了解哪些行为是违法的、哪些行为是被允许的。具备了这种意识，就能认识到行为的性质以及法律后果，这一点也是自我保护的前提条件。

（二）契约意识

社会主义市场经济本质上是法治经济，必须以保护产权、维护契约、统一市场、平等交换、公平竞争、有效监管为基本导向，完善社会主义市场经济法律制度，为市场主体活动提供公正、稳定、可预期的法治环境。我国就业体制中的就业协议在明确用人单位和毕业生权利、义务等方面扮演着重要角色，契约意识的作用在毕业生就业过程中显得更加突出。主要体现在两个方面，一是要求毕业生充分重视和深刻理解就业协议的重要性，要有通过就业协议来保护自己合法权益的意识。二是就业协议一旦签订即具有法律效力，必须具有严格遵守、履行就业协议内容的意识。

（三）维权意识

在法律意识和契约意识的指引下，毕业生很容易就能意识到自己的权益受到了侵害，但此时是积极运用法律手段维护自己的合法权益，还是忍气吞声，当作什么事都没发生过？处理方法的不同体现了维权意识的不同。要真正地保护自己，就要具有强烈的维权意识，在碰到问题时能够拿起法律武器积极主张权利。只有养成了维权意识，才能够敢于与用人单位据理力争，切实保障自己的合法权益。维权途径有请学校出面调解，向劳动监察部门申诉、举报，向劳动仲裁机构申请仲裁，向人民法院提起诉讼等。

（四）证据意识

法律是要用证据说话的，毕业生要牢固树立证据意识，在就业过程中“多留一个心眼”，应注意三个方面：一是收集证据，毕业生在就业时要有意识地让对方出示或者提供相关资料，如要求公司出示营业执照、要求公司相关人员出示表明身份的证件等；二是保存证据，毕业生应注意保存现有证据，以便将来在仲裁或诉讼时用来支持自己的观点，如单位招聘海报，与单位往来的传真、邮件等；三是运用证据，毕业生要有用证据证明案件事实的意识，知道什么样的事实需要用什么样的证据证明，知道一定事实的举证责任是在对方还是己方，等等。

（五）诚信意识

毕业生诚信意识主要涉及两方面，一是毕业生在求职过程中要实事求是地

向用人单位介绍自己的相关情况。故意隐瞒、欺骗单位,很可能导致就业协议无效,并要承担缔约过失责任。二是毕业生要能够意识到用人单位是否诚信,如判断单位介绍的情况是否真实,其招聘的真实目的是什么,等等。

三、毕业生维权求助的途径

(一)寻求毕业生就业主管部门的保护

毕业生就业主管部门可通过制定相应的规则确定毕业生的权益,并依据国家的法律和政策规定对侵犯毕业生权益的行为予以处理。如:对不履行就业信息公开登记手续,侵犯毕业生获取就业信息权的单位,省级高校毕业生就业主管部门对其上报的协议书不予签证,严重者将取消其录用毕业生的资格;保护毕业生的合法权益不受侵犯,对就业主体双方存在的争议和违约等问题进行协调处理,直至仲裁。

(二)寻求高校的保护

学校对毕业生权益的保护最为直接。学校可通过制定各项措施规范毕业生就业指导和就业推荐,对于用人单位在录用毕业生过程中的不公平、不公正行为,学校有权予以抵制以维护毕业生的公平录用权。

高等学校在毕业生签订就业协议过程中应进行监督和指导。对于用人单位与毕业生签订的不符合国家有关政策规定的就业协议,学校有权拒签,未经学校审核同意的就业协议不能作为编制就业方案的依据。

(三)毕业生自我保护

毕业生进行自我保护具体体现在三个方面:

(1)毕业生应了解目前国家和省、市关于毕业生就业的方针、政策和规则。

(2)毕业生应自觉遵循有关就业规则,接受其制约,确保自己的就业行为不违反就业规则,不侵犯其他毕业生和用人单位的合法权益。

(3)毕业生应学会运用法律手段维护自身的合法权益。

针对侵犯自身就业权益的行为,毕业生可先与有关用人单位协商解决。协商不成的,可向签订协议所在地的毕业生就业主管部门申请调解,也可依法向有关部门申请仲裁。

拓展阅读

常见的侵犯毕业生就业权行为

1. 虚假宣传

有些用人单位在招聘的时候会夸大自己的单位规模、发展前景、薪资待遇等；有些用人单位在了解了毕业生的情况后，却只字不提自己单位的情况。这些情况无疑使毕业生和用人单位信息不对称，使毕业生丧失知情权。更为恶劣的是，某些单位恶意欺骗毕业生，所谓“高薪”“高福利”“高岗位”其实名不副实，严重损害了毕业生的切身利益。广大毕业生要脚踏实地，切忌投机取巧，增强对外界各种诱惑的抵抗力，避免落入陷阱。

2. 雇佣歧视

劳动者有平等就业的权利，但近几年出现了以下就业歧视现象：

（1）性别歧视。这是女性经常遇到的情况。有的用人单位仅仅为了经济利益而淡化企业社会责任，不履行对女职工的法定义务，在招聘时或私下或公开地规定“只招男性”或“男性优先”。

（2）身体歧视。一些用人单位在法律规定不允许的情况下拒绝聘用身体有残疾或疾病的劳动者；也有一些单位在不需要挑选的情况下，根据应聘者的身高、相貌进行筛选。

（3）户籍歧视。有些用人单位只招收有本地户口的毕业生，这无疑提高了外地毕业生的就业门槛。一些地方政府为了保护本地毕业生的就业，制定了不合理的引进制度，使本地单位无法聘用外地人口或有外地户口的劳动者无法转正，严重阻碍了人才合理流动。

（4）学校歧视。一些用人单位在招聘简章中明确指出，只招收“985”“211”院校毕业生，这无疑侵犯了非重点高校毕业生的就业权益。

单元三 了解大学生就业程序

全国高等学校毕业生就业工作程序和时间安排由教育部统一部署,各部委和地方应按照统一部署具体指导所属院校毕业生的就业工作。毕业生就业工作一般从毕业生在校的最后一学年开始。一个完整的择业过程指从毕业生准备找工作,到去单位正式报到并转递完档案人事关系为止的整个活动过程。

一、搜集就业信息,确定就业目标

求职的第一步就是搜集信息,通过网络、报纸杂志、导师、已经毕业的师兄师姐以及亲朋好友等社会关系都可以获得就业信息。还要了解国家、省、市和本校的毕业生就业政策和与就业相关的法律法规,并确定就业目标。

二、整理求职材料,搜寻招聘信息

确定了就业目标就可以有针对性地撰写求职简历、求职信,把各种证明自己能力和获得成绩的证书进行分类整理。整理好求职材料后可以与同学、老师、家长交流,根据他们的建议修改完善。

准备求职材料的同时,关注学校就业信息网、本地区高校毕业生就业网,参加学校举办的招聘会,利用各种社会关系搜集目标招聘信息。发现合适的单位就及时投递求职材料,主动与用人单位联系,争取获得面试或笔试的机会。

三、充分发挥优势,竞聘就业岗位

这个阶段是求职的核心阶段。毕业生要积极参加用人单位设计的各种面试、综合知识测试、心理测试、技能测试等,充分调动自身能力,展现自己的特长和优势。毕业生要事先对用人单位的背景、内部运行机制、将来发展规划、企业文化、用人理念等有一个全方位的了解,做到知己知彼,方能从容应对。

四、确定就业单位，签订就业协议

通过用人单位的种种考核，接到正式录用通知后，毕业生确定选择该就业单位，就要和用人单位签订由教育主管部门统一制定的全国普通高等学校毕业生就业协议书。就业协议书明确规定了学校、用人单位及毕业生三方面的责任、权利与义务。就业协议书一经签订，便视为有效合同，不能随意更改。签约的各方都要遵守协议的有关规定，不能做违背协议书内容的事。

有的毕业生在与用人单位签订就业协议书后认为该单位不够理想，又去与其他单位联系，这样的做法是不妥的。这样做会给用人单位和自己都带来不利的影响，用人单位会因此浪费用人指标，而自己也会因为出尔反尔被其他用人单位认为不讲信誉。

五、办理毕业离校手续，转递户档关系

毕业手续的办理是毕业生离开学校前必须完成的，大学毕业生应按照国家有关政策和学校的具体规定，认真填写普通高等学校毕业登记表，办理党团关系、档案、户口转移手续等，确保自己顺利毕业，走向工作岗位。

拓展阅读

北京某大学的小王毕业的时候与北京一家制造公司签订了期限为 5 年的劳动合同。该劳动合同约定：公司每月支付小王的工资为 3500 元，除此之外还为小王出资 1 万元的培训费。如果在劳动合同规定期限内劳动者因个人原因提前与用人单位解除劳动合同，那么劳动者应该赔偿用人单位 5 万元的违约金。第二年 5 月，小王因为薪资低向用人单位提出辞职，而公司认为小王 3500 元的薪酬水平已经大大超过了企业的一般员工，在这段时间内公司还帮小王落实了北京户口，并且提供免费住宿以及 1 万元的技术培训费用。依照当初签订的劳动合同规定的条款，小王提前与用人单位解除劳动合同，应当赔偿用人单位 5 万元的违约金。小王却认为劳动合同中的违约金条款是用人单位故意欺骗他，他是被迫签订的，他以此为由拒绝支付违约金。 公司将小王告上法庭，要求法院判处小王支付 5 万元违约金。

法院经过严格审理后，最终决定：小王在劳动合同期限未到的情况下向用人单位提出辞职，这一行为已经构成了违约，应该承担相应的违约责任，判处小王返还用人单位的 1 万元培养经费；对用人单位索要的 5 万元违约金，法院依据北京市的相关规定，认为数额过高，最终判决小王支付用人单位违约金 2 万元。

□实训演练

探索活动:关于职业信息

五人小组讨论可以通过哪些渠道了解职业信息,需要了解哪些职业信息,按下列格式填写好后,小组选一名成员进行汇报。

(1)职业信息的内涵:________________________________

(2)搜集职业信息的途径和方法:________________________

(3)下一步我打算通过以下渠道搜集信息:__________________

①收集、研究与特定领域的职业有关的书面信息。

②采访有关人士,对我感兴趣的职业做进一步的了解。

③从职业咨询老师那里得到更多的帮助。

④通过参加选修课检测自己对某一相关领域的兴趣。

⑤通过参加社团活动检测自己对某一相关职业领域的兴趣。

⑥通过兼职、实习或者志愿者活动检测自己对某一相关领域的兴趣。

□思考与讨论

1. 健康的就业心理有哪些内容?
2. 大学生求职过程中常见的心理问题有哪些?
3. 如何进行心理调适?
4. 大学生在就业过程中出现各种心理问题的原因是什么?如何克服它们?
5. 设计你的求职简历。
6. 阅读下面的案例,展开思考与讨论。

小张的公益之路

"帮助困境儿童健康成长,是一份有价值的工作。"小张是某校社会工作专业的毕业生。在一家公益慈善组织实习近半年后,她由衷地爱上了公益事业,毅然决定签约该组织,全职负责困境儿童帮扶工作。

小张最初并未考虑在社会组织工作。“刚上大学时，我对社会工作专业认识不深，不了解这个领域的价值所在。”小张说，但一次在医院担任医疗社工的实习经历改变了她的看法。通过为病人及家属提供心理疏导，帮助他们对抗疾病、拥抱新生，小张获得了成就感并找到了人生价值，坚定了投身社会工作的决心。

在公益慈善组织实习期间，小张深刻体会到社会组织工作对个人能力的高要求。受当时的疫情影响，原定的困境儿童家访活动改为电话和线上进行，其效果并不理想。在向资深同事请教后，小张调整方式，加强与受访家庭的互动交流，细致了解他们在网课等方面的实际困难。小张和同事们通过努力，筹集到打印机、平板电脑等物资，及时送到孩子们手中，帮他们解了燃眉之急。

近年来，社会组织数量不断增长，逐渐成为吸纳就业、服务社会的重要平台。但仍有不少毕业生和家长对其稳定性存疑。对此，小张认为年轻人首次择业应更多地从兴趣和学以致用角度考虑，选择能实现人生价值的工作，才能保持前进动力。毕业后，小张将奔赴西藏，组织志愿者为当地孩子开展科普活动，她对未来充满期待。

案例来源：人民日报《听听年轻人就业创业的故事（青春派·青春奋进新时代(16)）》，有删改。

请思考并讨论：

(1)在求职时，你觉得工作的稳定性和个人兴趣哪个更重要？为什么？

(2)社会组织在提供公益服务、吸纳就业方面发挥着怎样的作用？你认为它们面临的主要挑战有哪些？

(3)你认为毕业生投身公益事业需要具备哪些素质和能力？这对个人成长有何益处？

模块五 求职指导

案例导入

在某大学毕业生宿舍，小赵在电脑前不停查找着各种就业网站的信息，根据自己的专业和兴趣选择就业岗位。虽然现在是冬末春初，但仍有大滴大滴的汗珠从他额头滚落。而他邻床的小杨手中早就握着几个单位的就业意向书，从国企到民企，小杨犹豫不决，但脸上有着灿烂的神情。

是什么让同一个专业、同一个宿舍的他们在就业的重要关头面临不同的情况呢？原因在于他们对于就业信息掌握的情况不同。

小赵只是单一地将搜集就业信息定位在传统的网站搜索，小杨则有更多的想法，他说："我觉得自己能在就业上脱颖而出，主要是因为手头有很多就业信息可以选择。从综合学校就业指导中心提供的就业信息，到我自己去心仪企业网站上搜集招聘信息，我在尽可能多地搜集和利用就业信息，我是赢在起跑线上的。"

学习目标

1. 学会有效搜集、筛选和处理就业信息，识别并防范求职过程中的陷阱；

2. 掌握准备就业材料和设计求职简历的方法和技巧，能够撰写出符合招聘要求的优质简历；

3. 掌握笔试的基本知识和技巧，提高笔试成绩和通过率；

4. 深入了解面试的各个环节和注意事项，提升面试表现和成功率。

单元一　就业信息的搜集与处理

一、就业信息的搜集

就业信息是指求职者在一定的时空和条件限制下利用各种渠道获悉的，招聘单位的人才需求信息以及与此相关的情况，是经求职者理解、加工处理后作为择业参考的消息、知识、资料与情报，主要包括就业政策与形势、就业法规、就业途径、行业信息、用人信息。就业信息作为求职的重要依据，是求职者就业择业的基础和起点，关系到求职择业能否最终实现。所谓“知己知彼，百战不殆”，在求职过程中，谁搜集的信息越及时、越全面、质量越高，谁的视野就越开阔，求职的主动性就越强。因此，毕业生在开始求职之旅时，首要环节就是关注就业信息，并且逐步培养就业信息的搜集、整理加工、储存以及运用的能力，为成功求职做好充分的准备。

（一）就业信息的类别

就业信息的内容十分广泛，初次择业的毕业生应主要了解两个方面的就业信息。

1. 就业政策和相关规定

了解国家就业方针、原则和政策及相关的就业法律法规，是毕业生就业的出发点和归宿，是不能违背的。毕业生只能在国家就业方针、原则和政策规定的范围内，根据个人的情况选择职业。毕业生必须清楚地了解就业法规、法令，学会用法律保护自己。

了解地方的用人政策，如就业意向地区各区、县招聘毕业生的具体政策规定、人事代理政策、落户政策等。

2. 就业市场供求信息

了解当年毕业生总的供求形势，如本地区与自己同时毕业的学生有多少，用人单位的需求有多少，是供大于求，还是供不应求，或者两者基本平衡，哪些专业紧俏，哪些专业供大于求。

了解用人单位的信息。在选择单位时，往往会出现这样一些错误：对用人单位情况不甚了解，于是在择业时带有随意性和盲目性。如只挑城市而不问用人单位的性质、业务范围，还有的只图单位名称好听就盲目拍板，等等，这些都是片面的。要做到对用人单位有比较客观的评价，关键在于全面客观地掌握用人单位的信息。

（二）就业信息搜集渠道

毕业生必须积极主动掌握足够的就业信息，获取的信息越多，择业的视野就越宽阔。根据目前人才市场及地方的特点，毕业生获得就业信息的主要途径如下：

1. 学校招生就业处

学校招生就业处的就业信息具有准确、可靠、多样、具体的特点，是毕业生获取就业信息最直接、最有效、最主要的途径。学校搜集的信息都会及时传至相关学院，或发布在学校网页的就业信息栏中。

2. 各级毕业生就业主管部门、人才服务机构及其组织的有关活动

各级毕业生就业主管部门和人才服务机构，是沟通用人单位和大中专毕业生的桥梁和纽带，是为毕业生提供就业服务的专业机构。毕业生可通过他们组织的定期或不定期的人才交流洽谈会、大中专毕业生供需见面会等活动获取需求信息，这也是获取就业信息的重要渠道。

3. 各级政府主管部门和就业指导机构

教育部和省教育厅、人事厅以及各市的教育局、人事局等部门和就业机构的主要职责就是制定辖区的毕业生就业政策，提供高校毕业生和用人单位的信息，为毕业生就业提供咨询与服务。这方面的信息也是真实可信的。

4. 网络、报刊、广播、电视等媒体

一些用人单位常常通过报纸、杂志、广播、电视等大众传媒介绍本单位的现状、发展前景和人才需求信息。需要特别注意的是，这种信息传播面广，竞争性强，时效短，成功率较低，而且其内容往往比较笼统，如果选用还应做进一步的了解。

5. 实习、社会实践、社交等活动

毕业生在实习、社会实践中可以直接与用人单位接触，可以更清楚地了解其有关需求情况，同时也让用人单位更多地了解自己。各高校的就业见习实习基地都是大学生开展社会实践重要、可靠的途径。

6. 亲朋好友

通过家长、亲戚、朋友、老师、同学等渠道获取就业信息，有针对性地扩大搜集信息的范围，有时会有事半功倍的效果。这样获得的信息针对性更强，通常具有毕业生希望的行业或地区的定向性，还能对用人单位有更具体的了解，易于双向沟通，因而通过这样的方式就业成功率较高。

7. 人才中介代理机构

人才中介代理机构提供的就业信息多数是面向有经验的工作者，但其仍不失为毕业生搜集就业信息的补充渠道。目前国家、省（自治区、直辖市）相继建立了劳务市场或人才交流中心。其主要业务是办理人才交流登记、户籍档案挂靠，为用人单位招聘人才，为求职者做好中介服务，从而赚取服务费。人才中介代理机构的就业信息量大、复杂多样，毕业生一时难以筛选，往往委托其帮忙择业，提供就业信息，这虽然很便捷，但是求职成本最高、投诉最多、成功率相当低。因此，选择人才中介代理机构搜集就业信息一定要谨慎，要选择实力强、声誉好、效率高、专业性强，得到有关部门许可从事中介服务的机构。当前，有不少中介公司为了赚钱，常不择手段、坑蒙拐骗，设置陷阱坑害毕业生，需要引起我们的高度警惕，病急乱投医是不可取的。现在网上常公布黑中介、骗子公司的名单，毕业生可通过搜索引擎输入关键词了解情况，对把握不准的公司也可以采取此种办法。

综上所述，就业信息有多种来源，各种来源的信息是互补的。每种信息渠道各有其特点，毕业生要熟悉掌握，灵活运用。在搜集信息的过程中，要注意投入和产出的关系，不同类型和不同层次的求职者，应当尽量选择适合自己的搜集求职信息的渠道，降低求职成本。

（三）就业信息搜集方法

1. 全方位搜集法

把与你的专业有关联的就业信息统统搜集起来，再按一定的标准进行整理和筛选，以备使用。这种方法获取的就业信息广泛，选择的余地大，但较浪费时间和精力。

2. 定方向搜集法

根据自己选定的职业方向和求职的行业范围搜集相关的信息。这种方法以个人的专业方向、能力倾向和兴趣特长为依据，便于找到更符合自己特点、更能发挥自身才能的职业和单位。需要注意的是，当你选定的职业方向和求职范围过于狭窄时，有可能大大缩小你的选择余地，特别是你选定的职业范围是竞争激烈的“热门”工作时，很可能给你下一步的择业带来较大困难。

3. 定区域搜集法

根据个人对某个或某几个地区的偏好搜集信息，而对职业方向和行业范围较少关注和选择，这是一种重地区、轻专业方向的信息搜集法，按这种方法搜集信息和选择职业，也可能由于所面向地区的狭小或“地区过热”（即有较多择业者涌向该地区）而造成择业困难。求职者应当根据自己的实际情况搜集信息。

拓展阅读

应用求职信息时应避免的行为

（1）从众行为。即缺乏主见，人云亦云。别人说哪里好，就往哪里跑；别人往哪里走，就往哪里凑热闹。

（2）轻信行为。即一味盲从，认为亲友告知的信息就一定可靠，报刊上的信息就百分之百准确，因而不筛选就做选择。

（3）模棱两可，举棋不定。即陷入大量信息的旋涡中不能自拔，在眼花缭乱的信息面前，左思右想，犹豫不决，拿不定主意，其结果是“竹篮打水一场空”。

（4）急于求成。有的毕业生缺乏社会经验，真正到了人才市场就心慌意乱；有的毕业生自感择业条件不如别人，怕找不到单位，因而一旦抓住信息，不经深思熟虑，就匆忙做决定；有的毕业生不够慎重，在未广泛搜集信息时便做决定，而当获取新的信息后，便又推翻已做的决定。

二、就业信息的筛选

一般来说，大学生通过各种渠道搜集的原始就业信息比较杂乱，有相当一部分信息是没有用处的，大学生应根据自己的实际情况和需求，对信息进行去粗取精、去伪存真，有目的、有针对性地加以筛选处理，使获得的信息具有准确性、全面性和有效性，使之更好地为自己求职服务。把通过各种渠道搜集的信息按地区、性质进行分类，再按自己的择业标准进行等级分类，把那些符合自己就业首选条件的单位列为第一等级，作为求职择业的重要选择方向。

在真伪辨析、删掉无效信息的基础上，大学生要根据自己的实际情况、专业和特长等设置一套标准，对信息进行进一步筛选，把力量真正用在刀刃上，适合自己的才是最好的。要对自己进行分析并回答以下问题：

· 我的核心竞争力是什么？

· 我具备哪些专业理论知识和技术能力？

· 我的兴趣爱好是什么？

· 我的性格特征适合从事哪些职业？

· 这份职业是否可以挖掘和提升我的能力？

· 什么是别人做不到而我做得到的？

· 我的家庭对我就业和以后的发展有哪些方面的影响？

在处理这些信息时应把握以下原则：

（1）掌握重点。将搜集的所有就业信息进行比较，初步筛选之后，把重点信息选出、标明并注意留存，一般信息则仅作参考。

（2）适合自己。每个人的情况都不一样，大学生应选择适合自己的信息。

(3)目标定向。目标定向原则要求求职者首先必须对自己的职业生涯有一个初步的规划,在此基础上再去搜集有关的就业信息,避免打游击战,集中力量向制定的目标前进。

(4)时效性。搜集到就业信息后,应适时使用,以免过期。

(5)广泛性。信息搜集范围不能局限于"热门"单位和周边较近的地区,这样会减少很多就业的机会,大大降低就业的成功率。

三、就业信息的使用

搜集信息、筛选信息的最终目的是合理使用信息,就业信息的使用涉及自己使用和分享给他人两个方面。

(一)自己使用信息

筛选信息的主要标准是:是否适合自己。无论信息的准确性、及时性、有效性多么高,如果不适合自己,那它就没有价值。作为新时代的大学生,我们在择业时,要根据自己的实际情况与就业信息进行认真的对比衡量。就业毕竟是一种双向选择行为,既是毕业生对单位的各项条件的选择,如单位性质、工作环境、工资待遇、福利条件、劳动强度,也是单位对毕业生所具备的条件的选择,如专业技能水平、实践操作能力、道德品行、待人接物的态度、思想觉悟水平、人际关系协调能力等。只有双方的条件都能被对方接受时,就业才能实现。所以我们在搜集到就业信息后,要实事求是地从自身条件出发,对照就业单位提出的要求,一一对比。切不可不顾自身条件,要量力而行,量能择业,切忌好高骛远。

(二)分享给其他同学

有些信息对自己不一定有用,但对他人可能十分有用,遇到这种情况,千万不要抓住不放、封锁信息,而应该主动与别人分享,通过这种分享既增进了同学之间的友谊,同时也增加了别的同学与你分享信息的机会。

小贴士

通过合适的途径寻找3～5条自己想要的就业信息，找到与自己就业意向密切相关的三个工作岗位，填写表5-1。

岗位表　　表5-1

内容	岗位1	岗位2	岗位3	内容	岗位1	岗位2	岗位3
岗位名称				生源要求			
信息来源				性别要求			
单位名称				外语水平要求			
单位性质				计算机能力要求			
工作地点				专业知识要求			
工作内容				专业技能要求			
发展前景				待遇			
专业要求				应聘流程			
学历要求				应聘联络方式			
备注							

试着思考分析个人能力与岗位需求之间的匹配情况，并在表5-2中分别列举这些岗位对应聘人员的相同需求和不同需求，并说明原因。

对应聘人员的相同需求和不同需求　　表5-2

单位名称	岗位名称	相同需求	不同需求	原因分析
1.	1.	1.	1.	
2.	2.	2.	2.	
3.	3.	3.	3.	

分析目前个人能力与岗位需求之间的匹配情况，并做一个个人能力提升计划。

四、警惕求职陷阱

求职季，高校毕业生将走向职场，开启人生新篇章。一些不法分子专挑涉世未深的毕业生求职者进行欺诈，因此在筛选就业信息时需警惕，要小心求职陷阱，避开套路和骗局。

（一）黑中介陷阱

一些非法职业介绍机构以介绍工作为名，向求职者变相收取各种名目的费用。这些非法职业介绍机构的典型特征是没有人力资源服务许可证等相关资质,他们冒充或伪造相关资质骗取求职毕业生信任,即便为他们提供了岗位信息,往往也是与需求不匹配甚至虚假的就业岗位。

防范提示:高校毕业生求职时,应当优先选择公共就业人才服务机构和正规市场中介机构,对市场中介机构应了解其经营范围是否包含职业介绍业务,是否具备人力资源服务许可证。与市场中介机构签订协议时,不要轻信其口头承诺,一定要看清协议的内容,不要盲目签字。

(二)兼职陷阱

一些诈骗分子打着高薪兼职、点击鼠标就赚钱等幌子进行诈骗。其特点是门槛较低,号称轻松兼职、薪酬丰厚。

防范提示:高校毕业生不要轻信既轻松又赚钱的好差事,应当了解当前岗位的市场薪资水平,明白天上不会掉馅饼,掉下的往往是陷阱。同时注意个人信息安全,不要轻易泄露银行卡、支付宝等的密码信息,不要随意打开陌生网址链接。

(三)收费陷阱

有些用人单位或者中介机构以招聘为名,收取高校毕业生报名费、服装费、体检费、培训费、押金、岗位稳定金、资料审核费等费用。有些中介机构与不法用人单位合作,先由中介机构以推荐工作为名收取费用,毕业生到该用人单位入职时,不法用人单位编造各种理由拒绝毕业生上岗或中途将其辞退。还有些机构向毕业生承诺提供高薪行业实习岗位,但毕业生必须缴纳相关服务费用。

防范提示:高校毕业生要谨记,应聘工作本身并不需要任何费用,对于将先交费作为条件的招聘、面试、实习等都需要谨慎对待,核实有无收费的法律依据。如交费则一定要求对方出具正规发票并加盖单位公章,为可能发生的纠纷维权保留证据。

(四)借贷陷阱

个别中介机构或用人单位以高薪就业为诱饵,向高校毕业生承诺培训后包就业,但须向指定借贷机构贷款支付培训费用。培训结束后,培训机构往往难以兑现承诺,或推荐的工作与原先承诺的相差甚远,毕业生可能会面临身负高额借贷又没有实现就业的不利局面。

防范提示:高校毕业生要增强辨别意识,看机构或企业经营范围是否包含培训内容,看承诺薪资是否与社会同等岗位大体一致,慎重签署贷款协议或含有贷款内容的培训协议,注意保留相关材料,一旦发现被骗,立即向有关部门报案。确有需求参加职业培训的,应到当地人力资源和社会保障部门官方网站查询其是否为公布的正规培训机构。

(五)传销陷阱

传销是指组织者或经营者通过发展人员,要求其缴纳费用或者以购买商品等方式,取得加入或发展他人的资格,牟取非法利益的行为。传销一般以亲友极力推荐的途径传播,基本都以轻松赚大钱、无须面试直接上岗为噱头。传销面试或工作的地点都比较偏僻且转换频繁,公司业务不能清晰说明。

防范提示:高校毕业生务必清楚传销属于违法行为,在求职中要了解传销的基本特征,对发展下线的宣传,要保持头脑高度清醒,防止陷入传销设计的圈套中。如果不慎进入传销组织,在确保人身安全的前提下,第一时间脱身报警。

(六)合同陷阱

在合同签订过程中,个别用人单位为降低用人成本、规避用工责任而侵犯高校毕业生合法权益。有的仅签订就业协议书,或以谈话、电话等口头形式约定工作相关事项,没有签订书面劳动合同;有的签订的合同内容简单,缺少工作岗位、工作地点、工资、劳动条件、合同期限等具体内容;有的以少缴税款为由,同时准备两份不同薪资的“阴阳合同”;有的签订的合同包含“霸王条款”,要求几年内不得结婚、无条件服从加班、试用期离职不结算工资等。

防范提示:法律规定,建立劳动关系双方应当订立书面劳动合同。高校毕业生在签订劳动合同前,应与用人单位认真协商,慎重对待,不可草率签订。要注意劳动合同是否具备《劳动合同法》规定的 7 个必备条款(劳动合同期限、工作内容、劳动保护和劳动条件、劳动报酬、劳动纪律、劳动合同终止的条件、违反劳动合同的责任),特别要高度警惕其中于法无据、明显不合理的条款,防止掉入陷阱,难以维权。

(七)试用期陷阱

有的用人单位超过法定上限约定长时间试用期,或者重复约定试用期。有的用人单位以试用期为由,支付工资低于当地政府规定的最低工资标准,或者不缴纳社会保险。还有的用人单位为了降低用人成本,大量招聘应届高校毕业生,在试用期约定较低的工资,等试用期结束后,便以各种理由解聘,“假试用,真使用”。

防范提示:任何违反法律规定的试用期约定无效,根据劳动合同期限的不同,试用期有不同的时间限制,最长不超过6个月,同一用人单位与同一劳动者只能约定一次试用期;以完成一定工作任务为期限的劳动合同或者劳动合同期限不满3个月的,不得约定试用期;劳动合同仅约定试用期的,试用期不成立,该期限为劳动合同期限。试用期应正常缴纳社保,工资水平不低于单位相同岗位最低档工资或者不低于劳动合同约定工资的80%,并不低于当地最低工资标准。

(八)信息陷阱

有的用人单位为了增加对高校毕业生的吸引力,往往故意夸大单位规模、业绩、发展前景、工资和福利等。有的用人单位玩弄文字游戏,对招聘职位的工作内容做模糊化处理,将销售员、业务员等职位美化成“市场部经理”“事业部总监”等。

防范提示:高校毕业生可通过企业官网、媒体报道、工商登记注册信息等查询用人单位基本情况,仔细甄别各类招聘信息,不要盲目轻信。求职时要详细询问岗位信息、工作内容,不能只看表面,避免入职后发现实际工作与预期有出入,浪费求职时间和精力。同时,可以通过多种途径了解公司背景,对长时间大量招聘、离职率高的,要提高警惕。

高校毕业生要通过合法的、正当的、信誉好的信息渠道了解和掌握招聘信息,可以到各地公共就业人才服务机构、公共招聘网站,以及人力资源和社会保障部门推荐认定的诚信人力资源服务机构网站求职。通过多种途径了解用人单位背景,不盲目轻信,接到招聘邀约后,尽量多和有一定社会阅历的亲朋好友沟通情况,冷静听取他们的意见和建议。一旦遭遇上述情况,请立即拨打

12333 电话或前往人力资源和社会保障部门投诉举报。如果人身安全受到威胁或伤害,应立即报警。

探索活动

班级内组织一次集体的求职陷阱分析会，学生自己搜集求职陷阱方面的相关案例，然后请其他同学找出陷阱并阐述理由，最后大家集体讨论，归纳总结识破求职陷阱的方法。

单元二　准备就业材料与设计求职简历

一、就业材料的准备

就业材料主要包括求职信、推荐表、个人简历(履历表)、成果证明、各类证件、健康状况证明材料、毕业生就业协议书、材料索引等。求职时可根据自己和招聘单位的具体情况有针对性地增减。

(一)求职信

求职信是毕业生向用人单位做的自我介绍,突出其知识水平和能力,带有明显的自我推销色彩,通过简洁、完整地介绍毕业生的情况,表达毕业生的意愿和求职愿望。

(二)推荐表

推荐表是证实求职者身份、学历、成绩、能力及现实表现的综合性书面材料。此表虽说缺乏深度,但可以概括地反映毕业生的基本情况。与求职信不同的是,推荐表一般由学校毕业生就业管理部门统一印制,除多数内容由毕业生本人填写外,毕业生所在院系的领导还要写出综合评语和推荐意见,并由校(院)院(系)两级组织审查、签字盖章。向用人单位推荐时,最好用盖有"红印"的推荐表,让用人单位觉得毕业生对自己非常重视,增加就业机会;若用复印件,可能有"普遍撒网"之嫌疑,就业成功率可能会降低。

(三)个人简历

个人简历是个人生活、学习、工作经历的简要记述,投递个人简历的目的是让用人单位全面了解自己,为自己赢得面试的机会。个人简历一般与求职信、推荐表同时使用。

(四)成果证明

成果证明是反映毕业生综合能力的主要材料,包括在报纸杂志上公开发表的文章、图片资料、社会实践调查报告、小制作的实物、小发明的成果、专家的评价、参与科研情况(可以请负责此项科研项目的导师写评价)、实习成绩、实习单位的鉴定等。

(五)各类证件

各类证件是反映学生德、智、体、美、劳等全面发展的依据之一,包括毕业证书、学位证书、各类学历证书和结业证书,还有三好学生、优秀团员、优秀学生干部、模范(优秀)团干部证书,英语、计算机考级证书,参加社会实践、征文比赛、文艺演出、体育运动会、社团活动等各类活动的获奖荣誉证书,各类与所学专业相关的证书等。证书比较多的毕业生,要选择关键的和重要的,也可以针对不同的单位选择部分展示。

(六)健康状况证明材料

健康状况证明材料一般为县级以上人民医院体检表。它反映了毕业生的身体状况,为毕业生顺利求职打下了坚实的基础。

(七)毕业生就业协议书

就业协议是毕业生经供需见面和双向选择后,与用人单位和高等学校签订的协议书,分为网上签约的电子协议和现场签约的纸质协议,二者效力相同,一经签订,就必须严格执行。

(八)材料索引

材料索引通常置于其他就业材料之前,可以反映出一个人办事的条理性,同时也为用人单位考核人员提供最简便的阅读途径。全部材料整理好后,还需设计一个封面,封面设计的基本原则是美观、大方、醒目、整洁。封面设计要有一个主题(标题),促使招聘者想进一步了解材料的具体内容,吸引用人单位的眼球,更有利于获取面试机会。

二、设计求职简历

投递简历是一种求职时自我推荐的方式,就是向你的目标单位说明你是他们最需要的人才,简而言之它是一种个人的广告,用来展示你的能力以及对用人单位的价值。投递简历的主要目的是获得面试、笔试的机会,获得一个展示自我的平台。

(一)简历的组成

首先是个人基本情况;其次是“广告”部分,包括个人能力素质和成绩表现;最后是“证据”部分,主要是工作经历和教育背景,包括个人技能、实践经历、荣誉奖励、任职情况等。

(二)简历的主要作用

简历的主要作用是让用人单位获得求职者的相关信息:你能做什么,能给单位带来什么样的效益;你曾经干过什么,是否持之以恒;你了解什么,在过去的教育中获得了哪些系统知识,对社会的了解程度如何;你是哪类人,你的性格是否适合这个岗位;等等。

(三)简历的类型

简历一般分为三种类型。

1. 时序型

时序型简历是一种采用时间逆序写法的简历。这种写法的优点在于符合读者自上而下的阅读习惯,把最近最突出的成就放到优先位置,吸引读者,一般适用于拟申请的职位非常符合自己的教育背景和工作经历的情况。

2. 功能型

功能型简历又称技术型简历,此类型简历在一开始就强调技能、能力、资信、资质以及成就，但并不把这些内容和某个特定用人单位联系在一起，比较适用于跨专业求职和缺乏相关的工作经验的情况。

3. 混合型

混合型简历结合了时序型和功能型简历的特点，这种简历的优点在于不仅按照时间顺序列举个人信息，同时还突出自己的成绩和优势，一般包括目的、概况、成绩、经历和学历等部分。

(四) 怎样撰写简历

写好简历的前提是“知己知彼”。

知己，就是要做好自我评估，做到全面了解自身的兴趣、性格、价值观和能力，最重要的一点就是要探索和分析自己的能力。能力可分为天赋和技能，天赋是因人而异的，每个人都有生命本身赋予的特殊才能，而技能是经过学习和练习培养出来的能力。技能可分为专业知识技能、自我管理技能和可迁移技能（通用技能）。

知彼，就是要全面了解用人单位的招聘需求，包括应聘相应职位应具备的技能、应达到的要求等，这样在撰写简历的时候才能对症下药。

简历的基本要素包括个人信息、教育背景、实习实践经历、科研项目经历、社会工作情况、奖励情况、专业技能，还有其他个人认为比较重要的信息。简历中实习实践经历是重点，总的来说，最好按照 PAR 法则来写：P——Problem，也就是个人实践经历的出发点和相关背景；A——Action，说明你在实习实践中做过什么事情，最好用一些专业术语表达；R——Result，指出你在实习实践过程中取得的相关成就和荣誉以便让用人单位看到你的闪光点。撰写简历最重要的一点就是契合——与企业契合，与职业契合，与求职的职位要求契合，展示出用人单位想看到的东西。

(五) 制作简历的流程

1. 收集材料

制作简历需要准备的材料有个人的基本情况，相关社会实践照片，主修、辅修的科目及成绩单，学校推荐表，学校情况及专业介绍，毕业证书，各类资格证、合格证,各类获奖证书,专业作品等,在充分收集这些资料的基础上进行素材提炼和加工。

2. 根据目标组织文案

目标陈述要明确有力,必须包括公司名称、寻求的职位、拥有的最有利的与工作有关的技能等。

(1)列写教育程度:在目标之下,列举出所受的相关教育(继续教育)和参加的训练。持续进行学习和训练说明求职者有上进心,所以在基本教育后阐明所受的相关教育(继续教育)是有必要的。一般从最近的学历写起,最好采用“逆时序”。

(2)列写实践目录:把做过的社会实践和实习都列出来,包括公司名称、时间和职位,并描述所在职位的职责,想一想有没有与目标相关的成就和荣誉,例如超额完成工作,为公司节约资本,为公司做宣传等,这里要多使用数字和事例说明情况,这样会更令人信服。

3. 根据目标筛选材料

根据目标筛选相关材料佐证文案,把有关联的材料科学合理地组织在一起,选择确实和目标相关的,删去那些无关的。一般来说,对于不同的企业,不同的职位,不同的要求,求职者应当事先进行必要的分析,有针对性地对材料做适当的筛选。盲目地罗列材料,简历的效果会大打折扣。

4. 版面设计

一份好的简历,除了满足上述对内容的要求之外,还应注重版面设计,突出个性。简历的版面设计,要板块清晰,脉络分明,主旨突出,清新美观;在新颖性、美观性、专业性、吸引力方面巧显个性。在总的设计策划和设计思路下,运用多样统一、对比和谐、对称与均衡、节奏与韵律等形式美原理,对内容和设计元素进行整理加工,寻找合适的组合形式,为主题表现寻找恰当的定位。既要用合理的视觉流程方式(位置关系流程、形象关系流程、重心诱导流程、导向诉求流程等)组织版面构成的元素,又要运用艺术的形象思维和感觉去捕捉和开发符合主题和内容的形式创意。注意结构安排合理,内容精确,条理清楚,标识明显,段落不宜过长,字体大小适中,排版端庄美观,疏密得当。注意版面要根据专业特点设计,可以是类似公函的风格,也可以是个性特色简历,但都要体现出求职者的基本职业素养。

5. 制作打样

毕业生在选择、审定简历的设计稿后即可进行正稿的制作，打印前必须再次认真进行审定工作，并打印样稿进行校对。除了校对图、文外，还要对比原实样，看设计是否与原设想和定位目标一致，是否达到了预期目的，除此之外还要考虑黑白稿、彩色稿的效果，最终才印成正稿。

综上所述，设计与制作出一份卓有成效的求职简历是求职时打开成功之门的重要钥匙，它能使毕业生在求职时更好地展现自己的特色，使毕业生在供与求之间找到一个切合点，提高就业率，让毕业生找到能一展拳脚且报酬合理的发展空间，让企业招聘到适合自身发展的人才，从而有效优化社会人力资源的配置。

单元三 求职笔试指导

大学生参与求职笔试前应确保自己具备基本的知识素养,并掌握一定的笔试技巧。

一、大学生应该具备的知识素养

素质是一个综合概念,它体现在人的思想品质、气质修养、价值取向、情操情趣、心理性格、文化修养、行为能力等方面。大学教育的目标不仅仅是使大学生学到专业知识和专业技能,更重要的是让大学生学会如何适应新的环境并具备在新环境中不断学习、创新的能力,不断地提高自我,不断地立足于人的个性的发展,弘扬创新精神,成为德、智、体、美、劳全面发展的社会主义建设者和接班人。

(一)要有广博的知识视野和合理的知识结构

广博的知识视野是人才适应社会岗位、应变环境的文化基础,合理的知识结构是从事现代社会职业岗位的必要条件和人才成长的基础。现代社会职业岗位需要的人才要能适时拓展自己的知识视野,以达到终身教育、终身学习的境界,只有这样,才能根据当今社会发展和职业的具体要求发展自己、完善自己,利用学到的知识有所创造,适应新情况,解决新问题。因此,大学生在校期间应打下深厚、扎实、系统、严谨的知识基础及专业技能功底,以适应工作性质的变动及职业结构的调整。

大学生既是高级专业人才的预备队员,又是未来科学文化知识的传承者和科学专业发展的开拓者,因此,要在所学知识方面有较高的造诣。一方面,要精通专业知识及专业技能;另一方面,要有广博的人文知识和良好的人文修养。

人文教育,是以人类文明的一切成果教育年轻一代,使他们的灵魂得以净化,情感得以陶冶,品格得以完善,心智得以充实,人格得以健全,身心和谐发展。大学生应该广泛涉猎音乐、美术、历史、数学、哲学和语言文学领域,了解经济学、边缘学、交叉学科和自然辩证法,从而具备专而深、宽口径、活性大的综合文化素养;还要培养主动获取信息和应用知识的能力、审美能力、独立思考能力和创新能力。“创新是一个民族的灵魂。”当代大学生应以一种积极乐观的姿态汲取知识、理解知识、消化知识，从而创造出新知识，使自身的潜能得以充分的发掘和展露。

(二)掌握一技之长是获得专业工作的必备条件

大部分大学生希望毕业后从事专业方面工作，专业知识是大学生知识结构的特色所在。有专业特长的毕业生要根据社会对人才评价的资格化倾向要求，不断充实和完善自己，使自己的资质也逐步融于社会化、客观化、公平化、国际化评价标准之中，如在校期间可参加相关资格考试以获得国家有关部门职业资格证书。职业资格证书可为以后择业、评聘技术职务、提升薪酬奠定基础。

(三)掌握现代管理和人文社会知识是适应社会岗位的通用条件

新时代，需要大学生具有一定现代管理和人文社会知识。因此，大学生应利用空余时间多读一些其他学科的书籍，拓宽知识面，开阔视野，从而提高竞争力。积极参加学校的社团活动，利用寒暑假到企事业单位进行社会调查，参加勤工俭学等活动，不断总结经验，提高社会活动能力和竞争能力。

(四)积极吸纳储备新信息、新知识是拓展就业空间的必然要求

现代科学技术发展迅速，只掌握本专业现阶段的知识很难与社会需要相适应。因此，大学生应利用宝贵的在校时间在延展知识的宽度和深度上下功夫，关注现代科技发展前沿信息、关注新行业发展动态、涉猎现代科学书籍，使自己具有专业眼光，掌握前瞻性和先进性思维方法，紧跟现代科技发展的步伐，为自己的择业拓展空间。

二、笔试技巧

(一)提前了解笔试内容

笔试一般由以下几部分组成：一是对知识面的考查，主要考查应聘者是否掌握一定的基础知识，以及某个岗位需要掌握的专业知识。二是智力测验，主要考查应聘者的记忆力、分析能力、观察能力、综合归纳能力、思维反应能力、不

断学习新知识的能力。三是技巧测验，主要考查应聘者在学习过程中掌握的知识及应用知识的能力。

有时候，用人单位的笔试项目会包含其工作特点、文化特征等，从而通过笔试结果反映出应聘者对其的重视程度。因此，在笔试之前，浏览一下用人单位的官方网站，了解相关信息很有必要。

在笔试之前要对所学专业知识做一个简单的回顾。一般来说，笔试都是有一个大致的范围的，可以参考相关的书籍。

（二）提前备好相关物品

提前熟悉考场环境，了解考试注意事项，有助于缓解应聘者在考试中的紧张情绪。除了必要的文件之外，还需要准备签字笔、2B 铅笔、橡皮擦等文具。

（三）调整心态

在考试之前，要注意减小心理压力，多参加体育锻炼，让自己的精神得到充分的放松和休息，确保考试中有足够的精神和精力。在笔试中怯场，主要是因为不够自信，客观的自我评价有助于克服自卑，增强自信。

（四）科学答题

在收到考卷后，应先整体浏览一遍，了解考题的难度，从而调整答题的节奏。如果碰到大型综合问题或论题，应该先列出大纲，然后逐条编写。答题结束后，要检查一下可能出现的问题，尤其要注意不能漏题，不能出现跑题、错别字、语法不通、词不达意等情况。此外，还要注意卷面整洁，字迹清晰，若字迹潦草，难以辨认，则会对你的分数造成一定的影响。

单元四　求职面试指导

面试是一种精心设计，以交流和观察为主要方式，以了解求职者的综合素质及相关信息为目的的测试。在面试过程中，面试官可以根据求职者对所提问题的回答考查他的综合分析能力、求职动机、人际交往能力、应变能力、自我情绪控制能力、计划组织协调能力、语言表达能力以及举止和气质修养等。这一方式不仅能面对面地观察求职者的体态、仪表、气质、口才，考核求职者的应变能力和专业水平，而且与笔试相比，它具有更大的灵活性与综合性，是用人单位常用的一种招聘方法，越来越受到招聘者和求职者的重视。

一、面试的基本内容与类型

如何顺利地通过面试，是大学生在求职择业过程中非常关心的问题，也是决定大学生成功就业的重要环节。短短的一次面试实际上是大学生大量知识和能力储备的浓缩表现。

（一）面试的基本内容

面试是用人单位“伯乐相马”的过程，他们想“相”的是德才兼备的人才，所以他们非常关注求职者的综合素质和实际操作能力。用人单位的考查涉及方方面面，除了考查求职者的专业技能这些“硬件”外，还注重考查“软件”资质，如学习能力、适应能力、表达能力、沟通能力、创新能力、组织协调能力、团队合作精神等。另外，求职者的职业道德、敬业精神和人文素质也是用人单位衡量的要点。

目前，许多用人单位在招聘过程中，除了采用传统的面试和笔试外，还加入了管理游戏和情景模拟面试以及心理测试等方面的内容，这样，对求职者的考查会更加全面。

面试内容分为若干测评要素，主要包括综合分析能力、语言表达能力、应变能力、计划组织协调能力、人际交往的意识与技巧、自我情绪控制能力、求职动机与拟任职位的匹配性、举止仪表和专业能力。必要时，根据职位要求，面试内容可以增加其他测评要素。

具体来说,面试一般包括四方面的基本内容。

1. 仪表风度

仪表风度指求职者的体形、外貌、气色、衣着举止、精神状态等。有些岗位对求职者仪表风度的要求较高。研究表明,仪表端正、衣着整洁、举止文明的人,一般做事有规律,办事按程序,处理有先后,自我约束力强,责任心强。

2. 职业特质

职业特质主要包括求职动机、兴趣爱好、工作态度、责任心等。

(1)求职动机。了解求职者到用人单位应聘的主要原因,对用人单位的看法和期望,对哪种类型的工作感兴趣,工作中追求什么,判断用人单位能提供的职位或工作环境等能否满足其工作要求和期望。

(2)兴趣爱好。了解求职者休闲时经常从事哪些运动或活动,喜欢阅读哪种类型的书籍,关注的热点属于哪个领域,有什么样的爱好等。了解一个人的兴趣与爱好,对录用后的工作安排、人员搭配和团队建设都有好处。

(3)工作态度。了解求职者过去的学习情况、工作态度、对所求职位的态度。了解求职者过去的工作态度是否认真,可以推断其对待现实的态度倾向。

(4)责任心。有责任心的人在事业上有奋斗目标,并为之努力,表现为对现有的工作踏实肯干,工作中有创新,而不是安于现状,当一天和尚撞一天钟,无所事事,对工作敷衍了事,对什么事都不热心。

此外,面试时主考官还会向求职者介绍本单位及拟聘职位的情况与要求,有可能讨论薪资、福利等求职者关心的问题,以及回答求职者问到的其他问题等。

3. 专业知识和实践经验

(1)了解求职者掌握专业知识的深度和广度,了解其专业知识与录用职位是否匹配,作为对专业知识笔试的补充。面试对专业知识的考查更具灵活性和深度,所提问题也更贴近空缺岗位对专业知识的需求。

(2)根据求职者提供的个人简历或求职登记表的实况,实施相关的提问,查询求职者有关背景及过去工作的情况,以补充、证实其所具有的实践经验。

通过了解求职者的工作经历与实践经验,还可以了解求职者的责任感、主动性、思维能力、语言表达能力及问题处理能力等。

4. 职业能力

(1)语言表达能力。在面试中,考查求职者的思想、观点、意见或建议表达是否顺畅,具体内容包括表达的逻辑性、准确性、感染力等语言因素以及音质、音色、音量、音调、语速等非语言因素。

(2)反应能力与应变能力。主要看求职者对面试官所提的问题理解是否准确到位,回答是否迅速、简洁等。对突发提问的反应是否机智敏捷、回答是否有分寸,对意外事情的处理是否得当。

(3)自我情绪控制能力。自我情绪控制能力对人的发展尤为重要,使我们遇到上级领导的批评教育,面对繁重的工作压力,处理个人利益与集体利益的矛盾时,能够容忍、克制、理性地对待,不因情绪波动而影响工作。

(4)人际交往能力。在面试中,通过询问求职者经常参与哪些社团活动,喜欢与哪种性格的人打交道,社交倾向有哪些,为人处世的技巧如何,了解求职者的人际交往能力,判断其能否在工作中与同事有效沟通。

(5)综合分析能力。面试中,求职者能对面试官提出的问题进行分析并抓住本质,并且说理透彻、分析全面、条理清晰,这是综合分析能力的集中体现。

(二)面试的类型

1. 结构化面试和非结构化面试

根据面试的结构化(标准化)程度,面试可以分为结构化面试和非结构化面试。所谓结构化面试,是指面试题目、面试实施程序、面试评价、考官构成等方面按统一明确的规范进行的面试,公务员录用面试即为结构化面试;非结构化面试,是对与面试有关的因素不做任何限定的面试,也就是通常没有任何规范的随意性面试。目前,结构化面试越来越多,非结构化面试越来越少。

2. 单独面试与集体面试

根据面试对象的多少,面试可以分为单独面试和集体面试。所谓单独面试,是指面试官与求职者单独面谈。单独面试又有两种类型:其一只有一个面试官负责整个面试过程;其二有多个面试官参加整个面试过程,但每次只与一位求职者交谈,公务员面试大多属于这种形式。集体面试指多位求职者同时面对面试官的情况。在集体面试中,通常要求求职者进行小组讨论,相互协作解决某一问题,或者让求职者担任领导主持会议、发表演说等。

3. 压力性面试和非压力性面试

根据面试设计情景的不同,可以将面试分为压力性面试和非压力性面试。压力性面试是将求职者置于一种人为的紧张气氛中,让求职者接受挑衅性的、非议性的、刁难性的提问,以考查其应变能力、压力承受能力、自我情绪控制能力等。非压力性面试是在没有压力的情景下考查求职者有关方面的素质。

4. 一次性面试与阶段性面试

根据面试的进程,可以将面试分为一次性面试和阶段性面试。所谓一次性面试,是指用人单位对求职者的面试集中于一次进行。求职者是否能够面试过关,甚至是否被最终录用,就取决于这一次的面试表现。阶段性面试又可以分为两种类型,一种叫依序面试,另一种叫逐步面试。依序面试一般分为初试、复试与综合评定三步。初试的目的在于从众多求职者中筛选出较优的人选。初试合格者则进入复试,复试一般由用人部门主管主持,以考查求职者的专业知识和业务技能为主,衡量求职者对拟任工作岗位是否合适。复试结束后再由人事部门会同用人部门综合评定每位求职者的成绩,确定最终合格人选。逐步面试,一般是由用人单位的主管领导、处(科)长以及一般工作人员组成面试小组,按照小组成员的层次,由低到高,依次对求职者进行面试。

5. 常规面试、情景面试与综合性面试

根据面试内容设计的重点不同,可以将面试分为常规面试、情景面试和综合性面试三类。所谓常规面试,就是面试官和求职者面对面以问答形式为主的面试。情景面试突破了常规面试一问一答的模式,引入了无领导小组讨论、公文处理、角色扮演、演讲、答辩、案例分析等人员甄选中的情景模拟方法。综合性面试兼具前两种面试的特点,而且是结构化的,其内容主要集中在与工作职位相关的知识技能和其他素质上。

在实际面试过程中,主试者可能采取一种面试方式,也可能同时采用几种面试方式,从而达到全面考查的目的。

探索活动

假设你是求职者，请回答某公司面试的 8 个核心问题：

(1) 请你举 1 个具体的例子，说明你是如何设定 1 个目标然后达到它的。

(2) 请举例说明你在 1 项团队活动中如何采取主动性措施，最终获得你所希望的结果。

(3) 请你描述 1 种情形，在这种情形中你必须去寻找相关的信息，发现关键的问题并自己决定依照一些步骤获得期望的结果。

(4) 请你举 1 个例子，说明你是怎样通过事实履行你对他人的承诺的。

(5) 请你举 1 个例子，说明在完成 1 项重要任务时，你是怎样和他人进行有效合作的。

(6) 请你举 1 个例子，说明你有创意的建议曾经如何对 1 项计划的成功起到了重要的促进作用。

(7) 请你举 1 个具体的例子，说明你是怎样对你所处的环境进行评估，并且将注意力集中于最重要的事情上以便获得你所期望的结果的。

(8) 请你举 1 个具体的例子，说明你是怎样学习 1 门技术并怎样将它运用于实际工作中的。

二、面试的形式

(一) 常见的面试形式

常见的面试形式有个人面试、小组面试、组合式面试、测试面试、另类面试等。

(1) 个人面试是求职者个别地接受面试，这是求职中最普遍采用的面试方法。尽管面试会采用其他方法，但最终必须经过个人面试的方式决定是否录用。个人面试的方式，可以让双方较深入地相互了解，可以深入地交换意见。

(2) 小组面试是当一个职位有多人申请时，企业为了节省时间，让多个求职者共聚一堂，做小组讨论或解决问题。而面试官在旁边观察求职者的表现。小组面试的目的在于：①公平地比较每个人的表现；②做出当场评估；③考查求职者的人际交往、适应环境的能力及领导才能。

(3) 组合式面试是综合采用上述两种面试方式，一般是规模较大的企业机构聘请高级行政人员时采用，这种面试方式通常要花费一整天完成。首先，求职者与企业人事部门人员进行个人面试。其次，求职者参观企业。最后，入围者同有关机构的主管就某些问题交换意见并同机构的高层负责人会面。

(4) 测试面试是招聘单位要求毕业生参加各种技能测试和考试，示范做某些工作，如体能测试、推销货品等，一般在较低职位或专门行业中常用。近来，不少公司在招聘人员时也采用计算机软件进行测试,设计各种测试题,对求职者的各种素质进行量化考核。

(5)另类面试是指有别于以上几种面试方法的面试。另类面试一般是在求职者不知不觉中完成的。这种面试难以预料,花样繁多,最能体现求职者的实力。

(二)无领导小组讨论

1.无领导小组讨论(面试)的含义

无领导小组讨论,就是指一组求职者组成一个无领导小组,在一定时间内讨论一个实际工作中存在的问题,并形成统一意见。讨论前并不指定谁主持会议,所有求职者在讨论的过程中都要发表自己的观点,面试官在讨论中观察每一个求职者的发言,以了解求职者心理素质和潜在能力,这是情景模拟的形式之一。面试官最后对每个求职者的沟通技能、群体接受度、领导能力以及个人影响力做出评估。

2.讨论过程的四个阶段

(1)准备阶段:听题或者阅读试题并按照答题要求进行准备(求职者可以自行列出发言提纲)。

(2)陈述阶段:每个求职者发言(没有发言顺序要求),阐述观点。

(3)自由讨论阶段:根据陈述阶段的发言情况进行讨论,求职者自由发言,要求“把握机会,积极发言,适度争论,注意质量”,不但阐述自己的观点,而且对别人的观点提出意见,最后小组内达成某一协议。不发言的将被扣分。如在规定时间内不能达成统一的意见,该组所有的求职者都有可能被扣分。

(4)小结阶段:由小组选出代表对整个讨论情况和小组达成的协议进行简要小结。

3.参加无领导小组讨论的注意事项

(1)按规定时间到候考室报到。未按规定时间到达候考室的将被视为自动放弃面试资格。

(2)将手机等通信工具关闭后交给工作人员或放在指定位置(确保手机在面试时不会发出声音,包括振动声)。

(3)使用普通话,注意把控各阶段的时间,不得超过规定时间,发言结束须说“发言完毕”。

(4)自觉遵守讨论纪律,尊重面试官和其他工作人员以及一同求职者。

4.无领导小组讨论的题目类型

(1)开放式问题。答案范围可以很广,主要考查求职者思考问题是否全面,是否有针对性,思路是否清晰,是否有新的观点和见解。

例如:你认为什么样的领导是好领导?

(2)两难式问题。让求职者在两种各有利弊的答案中选择一种。主要考查求职者分析能力、语言表达能力以及说服力等。

例如:你认为是以工作为取向的领导是好领导,还是以人为取向的领导是好领导?

(3)多项选择问题。让求职者在多种备选答案中选择其中有效的几种或对备选答案的重要性进行排序,主要考查求职者分析问题实质、抓住问题本质的能力。

例如:某市政府准备实施为民工办实事工程,拟采取以下几项措施,请选择你觉得比较重要的,并说明理由。

A.解决农村30万名村民饮水问题

B.为农民工提供廉租房

C.对外来务工人员进行就业培训

D.增加11.2万个就业岗位,其中5000多个为公益性岗位

E.取消进城务工人员子女义务教育的课本费

(4)操作性问题。给求职者一些材料、工具或者道具,让他们利用所给的这些材料,设计出一个或一些由面试官指定的内容,主要考查求职者的主动性、合作能力以及在实际操作任务中充当的角色。

例如:针对存在的问题设计一个实际操作方案。

(5)资源争夺问题。用于指定角色的无领导小组讨论,即让处于同等地位的求职者就有限的资源进行分配,从而考查求职者的语言表达能力、综合分析能力、概括或总结能力、发言的积极性和反应的灵敏性等。

例如：公司有500万元奖金，不同部门应如何分配？

5. 无领导小组讨论的评分依据

(1)求职者参与有效发言的次数；

(2)求职者是否有随时消除紧张气氛，说服别人，调解争议，创造一个使不大开口的人也想发言的气氛，并最终使大家达成一致的意见的能力；

(3)求职者是否能提出自己新的见解和方案，同时敢于发表不同意见，支持或否定别人的意见，在坚持自己的正确意见的基础上根据别人的意见发表自己的观点；

(4)求职者能否倾听他人意见，并互相尊重，在别人发言的时候不强行插嘴；

(5)求职者在语言表达、综合分析问题、概括或归纳总结不同意见等方面的能力如何；

(6)求职者反应的灵敏性、概括的准确性、发言的主动性如何。

小贴士

无领导小组讨论评分表（样表）见表5-3。

无领导小组讨论评分表(样表) 表5-3

第____组

测评素质	评分标准	等级	分值	被评者得分								
				1号	2号	3号	4号	5号	6号	7号	8号	9号
主动性	发言次数在小组中排前3位，且积极应答别人的发言	A	8～10									
	能够参与小组讨论，但是发言次数不够多，思维不够活跃	B	6～7									
	发言次数少，沉默寡言，别人发言时不响应	C	≤5									
协作意识	能够对正确的观点表示肯定，行为上有明显的支持言语及动作表示	A	8～10									
	介于A、C之间	B	6～7									
	对他人的观点不置可否，只一味地自我表现；或者在讨论中表现得主观、武断，对他人的观点进行批驳	C	≤5									

续上表

测评素质	评分标准	等级	分值	被评者得分								
				1号	2号	3号	4号	5号	6号	7号	8号	9号
团队管理能力	能够积极协调讨论中的分歧，统一小组意见，组织成员完成讨论任务；能够主动承担小组中的一些重要任务：记录整理小组成员讨论意见，提醒小组讨论时间	A	8~10									
	介于A、C之间	B	6~7									
	对讨论中出现的分歧、跑题等问题，漠然以对或不参与协调解决	C	≤5									
沟通协调能力	能够准确理解他人观点，并做出得体的言行反应；发言流畅、客观、有理有据	A	8~10									
	介于A、C之间	B	6~7									
	随意打断他人发言，不能理解他人观点；发言难以达意、观点主观、缺乏有力依据	C	≤5									
应变能力	针对讨论中的大多数问题，率先提出有效解决方案或变换角度化解矛盾；一旦有人提出新观点，马上便能积极响应	A	8~10									
	介于A、C之间	B	6~7									
	对于讨论中的所有问题，不能快速提出有效的解决方案；对他人提出的新问题反应速度慢	C	≤5									

(三)结构化面试

结构化面试就是命题、结果评定等环节均按事先制定的标准化程序进行的面试,也称标准化面试。公务员面试通常为结构化面试。

1. 结构化面试的含义

所谓结构化面试,包括三个方面的含义:一是面试过程(面试程序)的结构化。在面试的起始阶段、核心阶段、收尾阶段,面试官要做些什么、注意些什么、达到什么目的,事前都会进行相应策划。二是面试试题的结构化。在面试过程中，面试官要考查求职者哪些方面的素质，围绕这些考查角度主要提哪些问题，在什么时候提出，怎样提，面试前都会有所准备。三是面试结果评判的结构化。从哪些角度评判求职者的面试表现，等级如何区分，如何打分等，面试前都会有相应规定，并在众面试官间统一尺度。

简而言之，结构化面试对面试程序、测评项目、话题、测评标准、时间限制等做了详细设计安排，面试过程就是程序化地交谈和评价的过程。

2. 结构化面试的测评要素

结构化面试时，由多名面试官按照预先设计的一套包括各种测评要素的试题向求职者提问，根据求职者的回答，给出其在各个测评要素上的得分，各个测评要素得分的总和就是求职者结构化面试的最后成绩。面试中，一个题目可能包括一个或者几个测评要素，面试官不是按照题目打分，而是按照求职者在回答问题时反映出的各种能力也就是测评要素打分。

例如，面试官向求职者提出几个问题，第 1 题可能只测评求职者的综合分析能力一个要素，第 2 题可能测评求职者的自我情绪控制能力和语言表达能力两个要素。

小贴士

结构化面试中常见的测评要素见表 5-4。

结构化面试中常见的测评要素 表 5-4

基本素养	专业知识和技能
1. 仪表行为	1. 专业知识
2. 语言表达能力	2. 工作经验
3. 预测能力	3. 专业技术水平
4. 人际交往能力	4. 外语水平
5. 求职动机与岗位适应性	5. 计算机水平
6. 分析判断能力	6. ……
7. 反应能力	7. ……
8. 自我情绪控制能力	8. ……

3. 参加结构化面试的注意事项

(1)按规定时间到候考室报到。未按规定时间到达候考室的将被视为自动放弃面试资格。

(2)将手机等通信工具关闭后交给工作人员或放在指定位置(确保手机在面试时不会发出声音,包括振动声)。

(3)在候考期间要耐心等待,不得随意离开候考室。如因特殊情况须离开候考室的,须报告候考室工作人员同意并由工作人员全程监督。

(4)妥善保管好抽签序号,进入面试室后报告本人的抽签序号,并将其交给主面试官。面试时不得透露自己的姓名、准考证号等信息,否则按违纪处理。

(5)面试过程中,认真理解和实事求是地回答面试官提出的问题,注意掌握回答问题的节奏和时间。使用普通话回答,每题答完后须说"回答完毕"。

(6)面试结束后,由工作人员带到候分室(候分席)等候公布面试成绩。面试成绩公布后,及时离开面试考场,不得在考场区域内大声喧哗和议论。

(7)自觉遵守面试纪律,尊重面试官和其他工作人员以及一同求职者。

三、面试的应对方法

对于一个即将参加面试的人来说,面试的流程、面试的形式、面试的测评要素等是首先需要掌握的,这些信息得来并不费功夫,但它们也只能够帮助你弄清楚什么是面试,正如懂得游泳的知识不等于会游泳的道理一样。接下来怎样应对面试才是真正需要集中精力解决的问题。

(一)面试前的综合准备

通常情况下,人们在考试前会做大量的习题,而且特别在意那些"标准"答案,试图通过对比、提炼寻找所谓的答题技巧。要知道,技巧无非一些简便易行的方法,它与诉求紧密联系,在应用中是有条件的。一个人如果缺乏理解能力,抓不住问题的关键,那么发挥技巧的效用就无从谈起。所以面试准备不能仅仅停留在技巧上,还必须深入一步,提升自己各方面的能力,从提高能力素质出发,激发内在的力量。

事实上在面试中,面试官的很多问题是没有统一答案的。回答问题的内容本身并不重要,重要的是要体现被考人内心潜藏的能力。而同样地,当我们向内关注能力的时候,又会发现,在能力的背后起着关键作用的是认知方式,是我们的价值取向和对意义的把握,所以,还有必要重新审视自己,对自己的性格做一次彻底的解读。在面试的测评要素中,求职动机与拟任职位的匹配性是面试官需要做出判断的一项重要内容,我们的性格是否与职位匹配,面试官想知道,求职者自己更应当清楚。

当对自己有了一定的了解之后,我们便又会发现,自身在与外界的互动中,由于内在的原因,实际存在着诸多不适应性,还需要对自己做心理上的调适……说到这里,我们对面试前应该做哪些准备就有了一个比较清晰的认识。

面试前的准备应该是系统的,涉及知识的层面,如了解面试的流程、形式、测评要素、岗位职责、职业道德及文化,甚至了解面试官的评判标准、职业测评工具的原理;涉及技巧的层面,如懂得如何运用不同的模式解决不同的问题,在这个过程中怎样展示自己的综合分析能力、组织策划能力、应急反应能力、语言表达能力等;涉及认知的层面,如了解自己的价值取向、行为方式和习惯,以及性格特点等;涉及心理的层面,如学会情绪管理,进行心理调适,消除紧张的心理等。有效的面试前准备就是在这几个不同的层面做足功课。

小贴士

大学生面试失败的常见原因

每年到了毕业求职的时候,总有部分大学生面试屡屡受挫。这里面的原因有很多,除了专业知识不扎实、专业技能不熟练、相关礼仪和面试技巧没掌握好之外,还有一些其他需要反省的问题。

1. 缺乏必要的积累

许多大学生到了快毕业的时候才开始着急:我如何找工作?其实这个时候才考虑这个问题已经太晚了。要知道找工作不只是毕业前那个学期的事情,而是与自己整个大学生活的规划和前期的职业定位等密不可分的。大学生从一进校开始就应该好好为自己积累“资本”,比如提高学习成绩,培养特长,获得奖励,参加社团或社会实践活动,等等。每个同学都应该明白,找工作要尽早准备,应该有意识地去经营大学生活,切不可沉迷于每天上课、考试及格的程式化生活,丧失感知和反省。求职,不应只是快毕业时才想的事,及早做好职业生涯规划并严格认真地执行规划、积极提升自身综合素养特别重要。

2. 好高骛远

对于一些应届毕业生而言,找不到工作并非因为没有实力,而是对工作的期望值过高造成的。有的大学生独立生活、工作的能力差,又不愿意锻炼,一心想找工资高、待遇好又不累的工作。这种眼高手低的人,在就业压力日益增大的今天必然要走向失业。还有的毕业生实力一般,但是一开口就想加工资,这通常会被认为是不成熟的表现。求职毕竟不是谈生意做买卖,“金钱第一”则容易让人反感。

3. 自信心不足，过于紧张

自信是创造奇迹的灵丹妙药。可一些毕业生在求职时，往往因为缺乏实际操作经验，或者自我评价过低，无法在应聘时表现出十足的信心，导致企业将其拒之门外。如小李在校期间学习成绩优异，曾几次获得奖学金，但是在面试的几分钟自我介绍中，多次重复几句话，显得紧张和信心不足。在回答考官“特殊”的提问时，小李又有些语无伦次，短短几分钟就败下阵来。其实，企业一旦确定招聘没有社会经验的应届生，就已在培训计划与资源配置方面做了相应的安排，求职者不必过于担心自己能力不足。

4. 不注意细节

随着社会的纵深发展，很多招聘单位对人才的考查不仅仅停留在对专业、技能、经验的要求上，而更多地考虑人才的性格、团结协作能力、创新能力，注重细节。如某电子公司的王经理说：“员工接打电话时如果讲话不小心，就有可能丢掉客户。”而类似的现象，在企业发展中屡见不鲜。为减少企业管理的失败成本，选择人才时注意细节观察，当然就顺理成章了。

5. 自我意识过强

当被要求评价两种观点时，不少毕业生仅仅从“我”的角度具体论述其中一种，往往对另一种观点只字不提；而被问到作为负责人，怎样组织策划公司活动时，很多毕业生仍旧只回答“我如何做”，而没有充分利用身边的人、财、物等资源，也很少有人会想到寻求领导或者工会的帮助。

(二)面试前的具体准备

机遇只垂青有准备的人，大学生求职面试前究竟该具体准备些什么？

1. 资料准备

大学生在面试时大多与用人单位是初次接触，彼此了解少，况且在求职前尚未拿到毕业证书，这就需要大学生通过具体的材料推荐自己，向用人单位展示自己在校内外学习的情况及其他情况。因此，在面试前要做好自荐材料的准备工作。自荐材料一般包括以下几个方面的内容：

(1)求职简历、求职信、推荐表等。求职简历是最重要的自荐材料，因为它全面概括了求职者的情况，而且又在一定程度上直接表现了求职者的个人素质，如文字表达能力、材料组织能力等。

(2)学习成绩材料。如学习成绩单、英语和计算机等级证书等。

(3)荣誉证书。如三好学生、优秀学生干部、优秀团干部、优秀毕业生等证书，以及各种社会实践活动、各种竞赛活动的证书等。

(4)成果证明材料。如获得的发明专利证书或正在申请的专利材料，在报纸、杂志上发表的文章、论文，出版的专著，有一定价值的科研成果报告等。

(5)证明自己具备某方面素质或能力的其他材料。如汽车驾照、技能鉴定证书、职业资格证书等。

在准备好自荐材料之后,必须将个人的有关情况,如个人简历、性格、能力、爱好、特长等,反复阅读,烂熟于心,以使自己在面对面试官时胸有成竹,信心十足。

在准备好自荐材料的同时,最好能够掌握用人单位的有关资料,如单位性质、主要职能、人员结构、知识层次、规模和效益等以及对应聘人员专业、能力、个性等的专门要求。根据掌握的这些资料,结合自身的条件,有的放矢地采取策略,做好准备,这样面试的成功率就会很高。

2. 针对可能谈论问题的准备

面试问题的准备,主要是针对面试中可能提出的问题进行准备。不少大学生在面试前怯场、紧张,主要原因就是不知道面试中面试官会提什么问题,对于怎样回答心中无数,难免恐惧。要想在面试中轻松回答,就必须在面试前做适当的准备。

尽管不同的用人单位和面试官所提的问题不同,但是大体上是有一定规律可循的。

(1)教育培训类问题,如你从哪所学校毕业?能简单介绍一下你的专业吗?你最喜欢的功课是什么,为什么?能简要谈一下你的毕业论文或毕业设计吗?你的学习成绩怎样?你的综合测评成绩及排名如何?等等。

(2)求职动机类问题,如你为什么来本单位应聘?你对应聘职位有哪些期望?你在工作中追求什么?等等。

(3)相关经历类问题,如你参加过哪些社会活动?你在哪个单位实习过?实习时间多长?承担什么工作?你在工作中曾经遇到过什么困难?等等。

(4)计划和目标类问题,如若你被录用,你准备怎样开展工作,有什么想法?如有其他的工作机会,你怎样对待?你打算沿着这条职业道路走下去吗?进入本单位你准备干几年?你是否确定了在单位的奋斗目标?等等。

面试时求职者可以提出问题,但一定要注意:①把问题限制在询问应聘单位职位的范围内。对招聘告示、单位介绍中有的内容,面试官已经介绍过的内容不要提问。②回避敏感性的问题。③要考虑面试官的身份,不要问过分简单或复杂的问题。因为简单的问题会显得你无知,复杂的提问又有故意为难面试官之嫌。

3. 形象准备

第一印象往往会影响面试的效果,糟糕的第一印象会使你失去一次理想的就业机会。因此,在准备面试时,你必须事先整理你的思路,多花一些时间去思考如何包装自己,努力在面试中从穿着打扮和精神面貌两方面入手,给面试官留下良好的第一印象。

穿着打扮、外形仪态得体与否会直接影响求职的成败。因为未来你的形象将不仅代表你自己,重要的是将代表单位。为此,多数单位都力求找到能够提升组织形象的候选人,这些候选人不仅要能胜任工作,而且要有良好的外形仪态。大学生千万不可在面试时大大咧咧、疏于准备、自以为是、不修边幅,殊不知这些做法可能正是失去机遇的原因。

人的一举一动无不显露他的知识修养、个性特点等。文雅、得体的行为和谈吐,会给他人留下良好的第一印象,甚至可能直接影响面试的结果。

四、面试的基本技巧

1. 倾听技巧

倾听是一种重要的交流信息的技巧。面试的实质就是面试官与求职者进行信息交流从而获得全面评价的过程,其形式充分体现在“说”和“听”上。求职者注意听,不仅显示对面试官的尊重,而且要回答面试官的问题就必须注意听,只有通过专心致志地听,才能抓住问题的实质,否则就可能不得要领,答非所问。

在面试中倾听时应注意以下几点:①目光要专注,要有礼貌地注视面试官,并且要不时地与面试官进行眼神交流,千万不要东张西望;②尽量保持微笑,适当的笑容可令气氛活跃,但绝不可开怀大笑;③用点头对面试官的谈话做出回应,并适时说些肯定对方的简短话语,如对、可以、是的、不错等;④身体要稍稍向前倾斜,手、脚不要有太多的动作,不要漫不经心、表情木然。

在面试中,求职者除了注意倾听面试官的提问外,还要注意察言观色。察言观色首先要求细心、敏锐,能捕捉有价值的信息;其次要能解读和“破译”这些体态语言的真实含义。

(1)注意面试官的面部表情。如对方听了你的介绍,双眉上扬,双目上张,则是惊奇、惊讶的表现,可能表明你就是他们理想的人选,有相识恨晚的感觉。这时你可能成功了一半,一定要锲而不舍。如果对方听了你的介绍后皱眉,则表示不高兴或不能理解等;也可能表明你不是他们的意中人,你则可以改变思路进一步努力。

(2)注意观察面试官的目光。对方听你自我介绍时,双目直视前方,旁若无人,那么你讲话时就要力争吸引他的目光。如果对方的眼睛眨个不停,则表示他在怀疑,那么你就力争把问题解释清楚。如果对方面露不悦,则表示他对你或你的某句话反感,这时你就要特别注意。总之,只要你认真观察,就会透过心灵的窗户——眼睛,了解对方的内心想法,力争主动权。

2.语言表达技巧

准确、灵活、恰当的语言表达,是面试的关键环节。如果你的各方面条件都不错,但由于你表达能力差,不能将所要表达的内容充分表达出来,则面试官会因难以理解而不录用你。在同等条件下,谁的表达能力强,善于宣传自己,谁就能在竞争中获胜。

语言表达要做到清楚准确,通俗易懂。求职者在谈话中特别要注意以下两点:

(1)简明扼要。面试中的交谈,受时间和内容的限制,不同于平时闲聊,绝不可漫无边际。说话简明扼要,就是用最少量的话语传递尽可能多的信息。这不完全是一个话语量多少的问题,即不能用说话的时间长短判断。通常要注意三个方面:一要紧扣提问回答,二要避免重复啰唆,三要戒掉口头禅。

(2)语速适当。面试时谈话的节奏,会影响语言表达的质量和效果,这就是求职者不可忽视的语速问题。在现实生活中,你可能是个快言快语的人,也可能是说话慢条斯理的人,但在面试中,语速最好不快不慢。一般来说,面试中的问答是平铺直叙的,如介绍自己的一些基本情况,谈谈对公司前景的看法等。所以,没必要慷慨激昂,振臂挥舞。在语速上不必像朗诵诗歌般缓缓而言,按照你平时回答教师提问时的语速说话即可。口齿要清楚,说话时注意句与句之间的间隔,使人感到你思路清晰,沉着冷静。

另外在面试时还应注意语气要平和,语调要恰当,音量要适中。语气是指说话的口吻，语调则是指一句话的腔调，也就是语音的高低轻重配合。音量的大小要根据面试现场情况而定，两人面谈且距离较近时声音不宜过大，集体面试而且场地开阔时声音不宜过小，以每位面试官都能听清你的讲话为原则。

3. 问答技巧

问答技巧包括应答技巧和提问技巧两个方面。面试中求职者主要是以回答面试官的提问来接受测评的，同时也应主动提出一些问题，来显示自身的整体素质。

（1）应答技巧

①先说论点后说论据。求职者在回答问题时，要考虑自己所说内容的结构，用尽可能短的时间组织好说话的顺序。一般来说，回答一个问题，首先提出你对问题的基本观点，然后逐一用资料等论证、解释。这样做既有利于求职者自己组织材料，又可以给面试官一个思路清晰的好印象。这种方法，可以使听者先知道问题的结论，再听理由。否则，当你滔滔不绝地讲了半天，对方还没有明白你的论点，就会认为你思路不清，这样你可能会失去一次机遇。

②扬长避短，显示潜力。常言道："尺有所短，寸有所长。"每个人都有自己的优势与不足，如何在有限的时间内使自身的优势充分体现，扬长避短，是一种艺术。扬长避短，既不是瞒天过海，更不是弄虚作假，而是一种灵活性与掩饰性技巧的体现。如性格内向的人容易给人留下深沉有余、积极开放不足的印象。因而，性格内向的人在面试时衣着宜穿得明快些，发言时主动、大胆、热情，以弥补自己性格的不足。

③遇到不便回答的问题可以拒绝回答。一般情况下，面试官在面试时不应提出有关求职者隐私或其他不便回答的问题。但是，有的面试官出于对某些工作的要求，或是出于某种原因，可能会对求职者提出一些棘手的问题。对于这样的问题，有些求职者不愿回答，即使回答，往往也是支支吾吾，含糊其词，给面试官留下不良印象。与其这样，求职者不如直截了当地说："对不起，我可以不回答这个问题吗？"

如果已经使用犹豫不决的态度说话，把自己置于很尴尬的境地了，就要及时警觉起来。此时你没有必要特别用心来缓和谈话的气氛，只要你对之后的问题，用明朗的态度回答就行了。面试官知道你坚持自己的意见，一般就不会再问了，坦然处之，效果可能会更好些。

(2)提问技巧

①提出的问题要视面试官的身份而定。面试前你最好弄清楚面试官的职务,要知道面试官是一般工作人员,还是负责人,是哪一级的负责人。要视面试官的职务来提问题,不要不管面试官是什么职务,什么问题都问,搞得面试官无法回答,引起面试官的反感。如果你想了解求职单位共有多少人、职称结构、主要业务等方面的问题,就不要向一般工作人员提问,而要向单位负责人提问。

②一般情况下,求职者可向面试官提出以下几个方面的问题:一是单位性质、上级部门、组织结构、人员结构、成立时间、产品和经营状况等;二是单位在行业中的地位、发展前景、所需人员的专业及文化层次和素质要求;三是单位的用工方式、内部分配制度、管理状况、经济效益和社会效益等。

③要注意提问的时间。要把不同的问题安排在谈话进程的不同阶段提出。有的问题可以在谈话一开始提出,有的问题可以在谈话进程中提出,有的问题则要放在快结束时再提。不要毫无目的地乱提问,更不可颠三倒四、反反复复提那么几个问题。因此在谈话之前,要将想提的问题一一列出,按照谈话进程编出序号,反复看几遍,以便在谈话时保持头脑清醒,知道提问的顺序。

④要注意提问的方式、语气。有些问题,可以直截了当地提出来,如单位人员结构、岗位设置等。有些问题则要婉转、含蓄一点提出。如了解求职单位职工收入情况和自己去了以后每月的收入等问题,应该婉转地问:“贵单位有什么奖惩条例、规定?”“贵单位实行什么样的分配制度?”因为这些问题弄清楚了,对照一下可能就会知道自己具体的收入。另外在询问时,一定要注意语气,要给人一种诚挚、谦逊的感觉。千万不可用质问的语气向对方提问,这样会引起对方反感。

⑤不提模棱两可、似是而非的问题。特别是提与职业、专业有关的问题,一定要确切,不要不懂装懂,提出幼稚的问题。因为从提问中可以看出提问者的知识水平、思维方式、个人价值观等。

由于谈话的对象、时间、地点、目的不同,提问题应注意的事项不可能一一列举。总之,求职者要重视提问技巧的学习和运用,这对选择职业影响极大,不可马虎。

小贴士

如何摆脱面试困境

求职者在面试时，往往由于过度紧张，长时间沉默或一时讲错话使自己陷入困境。遇到这种情况，若不能镇静应对，则会影响自己整个面试的表现。因此，面试时应掌握如下技巧：

（1）克服紧张的技巧。紧张是面试中最常见的情况，面试对求职者非常关键，同时面试往往又是在陌生的地方，与陌生人对话，因此，求职者产生紧张情绪是正常的。适度紧张可以帮助求职者集中注意力，但若过分紧张，不仅会给面试官留下不良印象，还会使你无法正常地回答问题，使面试陷入困境。 面试时要克服紧张，应做到以下几点：①以平静的心态参加面试，否则压力越大越紧张；②面试前充分准备，不把一次面试的得失看得过重；③深呼吸以减少紧张情绪；④不要急于回答提问者的问题，且回答问题时注意讲话的速度；⑤如果的确非常紧张，最好的办法是坦白告诉面试官："对不起，刚才有点紧张，请让我冷静一下再回答您的问题。"通常面试官会理解你。

（2）打破沉默的技巧。有时面试官长时间保持沉默，故意考验求职者的反应。遇到这种情况时，许多求职者因没有思想准备，会不知所措，陷入困境。应付这种局面最好的办法是预先准备一些合适的话题或问题，趁机提出来，或是顺着先前谈话的内容，继续谈下去，以此打破僵局，走出困境。

（3）讲错话的应对技巧。人在紧张的场合最容易说错话。比如在称呼别人时，把别人的职务甚至姓名张冠李戴。经验不足的求职者碰到这种情形，往往会懊悔万分，心慌意乱，越发紧张。最好的应对办法是保持冷静。若说错的话无关紧要，可以若无其事，专心继续面试交谈，切勿懊悔不已。通常面试官不会因为求职者一次小的失误而放过合适的人才。若说错的话比较严重，为防止误会，在合适的时间更正道歉。例如："对不起，刚才我紧张了点，好像讲错了，我的意思是……，请原谅。"出错之后，坦诚地纠正自己的错误说不定会因此博得面试官的好感，还有希望被录取。面试时，大家都渴望成功，害怕失败，往往因过于在意小节，或过分紧张，而不能发挥正常水平。所以，最好的办法是抱着锻炼自己的心态去参加面试，即使错了，也不必掩盖，坦然承认就好。

（4）遇到不会回答的问题时的应对技巧。在面试中，往往会出现预料不到的情况，如有些问题不会回答等，这时请不要掩盖，应当坦诚地说："这个问题我不会回答。"千万不要支支吾吾，不懂装懂。不会就是不会，坦然地说明，反能给人留下诚实、坦率的好印象。

当遇到一时不易回答的问题时，可设法延缓时间，边想边回答。或者直截了当地提出："让我先想想再回答您。"然后很快地考虑怎么说，说什么。

（5）做好碰壁的心理准备。古人云："胜败乃兵家常事。"择业面试也同样如此。当你面试失败，没有被用人单位录用时，绝不能气馁，更不能灰心丧气。因为做任何事都不能保证百分之百成功，事事如愿。一定要调整好心态，振作精神，认真地总结，冷静地分析失误的原因，为下一次应聘做好准备。

涉世之初的大学毕业生，在面试时出现这样或那样的失误是在所难免的。关键是在你处于尴尬境地时，如何摆脱。其实，对于自己在面试中出现的小过失，不必太在意，结果不一定会那么糟。如果你表现优秀，面试官不会因为一些小过失而不录用你，最好的办法是不要把它放在心上，集中精力回答好后面的问题。假如为一开始出现的一点错误患得患失，把你的整个思路打乱，面试就很难成功。尤其是当面试官的提问触及你的弱点时，不要因此影响情绪，只要你保持良好心态，树立坚定的信心，就可能顺利通过面试。

面试是一项专业性很强的工作，面试官同样受这种职业的限制，他必须评价求职者，而且要做到含而不露。一般面试内容大同小异，目的性也十分明确，但由于每个面试官的性格各异，兴趣不同，处世方式大相径庭，对问题的看法也不尽相同，就会使我们面对的问题格外复杂。因此，在面试时要根据不同类型的面试官采用相应的策略应对。

(1)文明礼貌，不卑不亢

大学毕业生在面试时，应懂得基本的社交礼仪，无论面对何种类型的面试官，都应注意礼貌，但也不能过分殷勤。有些求职者为了达到录取的目的，对面试人员大献殷勤，对招聘单位极尽吹捧之能事，然而任何单位都愿意挑选一些有作为、能为单位发展作出贡献的人，不愿接收溜须拍马、卑躬屈膝、阿谀奉承的人。

(2)因人而异，区别对待

面试官的身份不同，用人观念和价值标准也不同。因此，面对不同的面试官，要采用不同应对方法。如果面试官是技术干部，他就可能注重专业知识和技能；如果面试官是人事干部，他就会注重求职者的社会意识和处世能力；如果面试官是领导干部，他就会注重求职者的合作精神、办事能力和应变能力。为取得面试的成功，求职者可事先了解面试官的身份，再采取相应措施。

求职者尤其要注意面试官的性格。一个谦虚的面试官，一见面就会与你握手，请你入座。这类面试官，表面看来谦虚可亲，容易交往，但他们内心严谨，洞察敏锐，你即使想掩盖内心的不安，伪装平静地谈话，也会被他们识破。面对这种类型的面试官，求职者必须保持警觉，诚心诚意地谈论自己的想法。绝不要一味地去迎合面试官，也不要妄自尊大。妄自尊大最令谦虚的面试官反感。所以面对这样的面试官，求职者应采取的策略是，他谦虚，你比他更谦虚。

面对一个严肃的面试官，再高明的社交能手都会感到其难以接近，一般的新手就更不知如何是好。这类面试官一般性格内向，比较固执，但他们坚持原则，对人的考查方式一板一眼，对人的评价多以书本中的条条框框为准。面对这样的面试官，你只需按部就班地发挥即可。

面对一个慢条斯理的面试官，求职者最需要的是耐心和韧劲。慢吞吞的人一般做事迟缓，工作效率较低，为人不够爽快，对他人总是不放心。但慢吞吞的面试官通常都是有耐心的人，他们总是把一切都弄得仔仔细细、明明白白。求职者对这种面试官一定要耐住性子，说话保持温和谦虚的语气，耐心、仔细、周全地回答问题。在语气上、表达方式上尽量配合他，千万不要走神或有倦意的神态。

如果在面试时遇到一位喋喋不休、说个没完的面试官，求职者一定不能懈怠，或流露出不耐烦的神情。此时，你需要耐心聆听，不插话，除非他向你提问，自己不要另起话头。让面试官充分说话，尽情表达。此时此刻对求职者来说，最重要的是对面试官所讲的内容报以浓厚兴趣，不要担心拉长时间，或表现出焦虑不安的神态，这样会使面试官扫兴，面试结果自然不会好。

五、求职面试中应注意的问题

1. 提前到达，不谈无关话题

迟到乃面试大忌之一，面试官不会喜欢没有时间观念的人，故最好提前10分钟到达现场。若未去过面试地点，应事先将路线中可能出现的问题如堵车等考虑在内，早点出发，以保证万无一失。提前到达，你除了有充裕的时间填写表格申请之外，还能放松自己，以良好的状态进行面试。

面试时要注意回答面试官提问，不可言语离题，讲话不分场合，不看对象，百无禁忌，让面试官听得莫名其妙。不可对毕业的学校或同来面试的同学评头论足，持过多负面意见。因为面试官会认为，你对自己的学校和同学毫无善意，反而有许多怨言，一旦进入单位很可能无法处理好人际关系，这对你应聘非常不利。

2. 不攀关系，靠个人能力参加面试

面试时不可以拉关系、托人情，这样易引起他人的反感。即便你通过这种关系进入了用人单位，以后也难以与同事友好相处，难以打开工作局面，使自己陷入处处被动的境地。

求职面试最好不与亲友、父母共同前往。如果有人陪你一起去，也只能让他们在外面等，否则用人单位可能会认为你缺乏独立性和自信心。用人单位录

用的是能很快胜任工作、独当一面的人才，面试需人陪同这样缺乏自信心的大学毕业生，他们不会录用。另外，与同窗相约去同一单位参加面试，很可能会产生相互竞争的局面。

3. 注意细节

面试时你的一举一动都会引起面试官的关注，稍微不留意，就会影响面试成绩。面试时应注意以下细节：第一，别开玩笑，别讲脏话，别说面试官难懂的方言、行话。面试时能恰当地表现幽默感当然好，但如果不善于运用或控制幽默，最好避免，因为面试地点不是开玩笑的场所，这样容易给人留下轻浮的印象。在与面试官交谈时，尽可能不用对方难以听懂的语言或专业术语，否则易给人有意嘲笑或故弄玄虚之感。第二，面试时绝对不能做太多小动作，如挠脑袋、啃手指、挖耳、频频改变坐姿等。

文凭学历、经验履历、形象风度等在面试时固然重要，但过程中的一些小细节，却能反映个人的综合素质，同样不容忽视。一些不同的对待细节的处理方式，会让求职者赢得招聘或在招聘关口败下阵来。

拓展阅读

面试实战指南

1. 面试起始阶段

（1）尽快适应面试环境。能否迅速适应面试环境，将直接决定面试中正常水平能否发挥。求职者对面试环境的预期一般不要太理想化，不要设想在一个环境非常宜人的场所，不要把面试环境事先就在脑子里设定好，而是要根据现实场景随机应变，迅速适应现实的面试环境。

（2）礼貌对待面试工作人员。面试时，面试官会安排一些面试工作人员负责对求职者的接待服务，引导求职者进入考场。一般情况下，面试工作人员会热情、自然地和求职者寒暄几句，对求职者前来参加面试表示欢迎，把求职者引见给面试官，并向求职者介绍各位面试官的姓名、职务等个人情况。对面试工作人员的热情服务，求职者应及时给予积极的响应，礼貌诚挚地表示感谢。

（3）调节面试气氛，消除紧张情绪。建立和谐友好的面试气氛对主试和被试双方都有利。在和谐友好的气氛中，求职者对面试官容易产生一种信任感和亲切感，从而愿意开诚布公地说出自己的真实想法，而且会轻松自然地发挥正常的水平。求职者面试时往往都有紧张的情绪，可采取深呼吸放松法、握拳放松法等方法进行自我放松。

（4）留下良好的第一印象。进入面试室后，面试官叫你坐下时，切勿噤若寒蝉或扭扭捏捏，应道谢后入座，切勿弯腰弓背，不要双腿交叉和叠膝，不要晃动小腿。求职者要避免做出伸懒腰、打哈欠、双手抱在脑后、莫名其妙地跺脚等举动。随身携带的皮包等物品应拿在手中，或放在膝盖上面，双手不要搓弄衣服、纸皮、笔或其他分散注意力的物品。神态要保持亲切自然，不卑不亢。

2. 面试核心阶段

面试的核心阶段是指面试的最主要的环节，面试官就广泛的问题向求职者征询、提问，并根据求职者的回答和表现对他们的能力、素质、心理特点、求职动机等多方面内容进行评价。为了能在面试核心阶段获得面试官的认同和赞许，赢得关键阶段的胜利，求职者应从以下几个方面做出积极的努力。

（1）正确有效地倾听。倾听面试官的谈话要耐心、专心、细心。不论你口才如何，若不懂得倾听就不会给人留下好印象。因为在别人讲话时留心听，是最基本的礼貌。别人刚发问就抢着回答，或粗鲁地打断别人的话，都是无礼的表现，会令面试官觉得你不尊重他。

（2）冷静客观地回答。在面试中，有些面试官千方百计“设卡”，以提高面试的难度。面试中，首先要正确判断面试官的意图，对症下药，要沉着冷静，分析判断面试官的提问是想测试你哪方面的素质和能力或其他什么测评要素，然后有针对性地回答，切忌答非所问。

（3）礼貌得体地提问。面试过程是面试官与求职者双向进行信息交流的过程，一般主要是面试官提问，求职者回答。求职者若要提问，应避免那些特别简单、特别复杂或十分敏感的问题。礼貌得体地提问，往往能活跃面试气氛，激发面试官的兴趣，显示你的热情、自信和才华，从而起到锦上添花的作用。

（4）恰当合理地解释。在面试中解释的目的是将面试官不明白或不了解的事实、观点说清楚，或者是阐释某件事的原因，或者是将面试官的误解及时澄清。要本着实事求是的态度如实地向面试官说明，不要寻找借口、强词夺理，更不能巧言令色、凭空编造。

（5）掌握小组面试中的谈话技巧。小组讨论方式是对求职者在风度、教养、见识等方面的综合考查。面对小组面试，入场时要争取获得一个好印象，向每位面试官微笑致意，谦虚、谨慎、礼貌地回答每位面试官的提问。遇到几个面试官接连向你提出不同的问题，要保持清醒的头脑，切勿慌乱。个人发表意见时要观点明确，尽可能先清晰地表达论点，再简要阐述。受到反驳时，应保持冷静，必要时可以给予解释，以更多、更好的论据支持自己的论点。听清问题，待提问完毕后再从容地一一回答,要镇定自若，彬彬有礼。

3. 面试收尾阶段

在收尾阶段，面试官的神情会更为轻松，目光中“审视”的意味会明显减少，谈话语气会显得更加柔和。因此，求职者努力在收尾阶段抓住时机，给面试官留下美好的印象是至关重要的。

（1）配合面试官自然地结束面试。临近结束，面试官一般都会给求职者最后的充分提问或重申、强调某些信息的机会。求职者应注意察言观色，判断时机，抓住机会，向面试官表达一些重要的有利信息，既要尽力表现自己，又要适可而止，见好就收。求职者要全力配合面试官，使面试在自然、轻松、愉悦的气氛中结束。

（2）礼貌地向面试官告辞。当面试官暗示或明示可以结束面试时，求职者要礼貌地与面试官告辞。 如果面试官没有明确告诉你什么时候可以接到面试结果通知，你可以提出这个问题。辞别时应整理好随身携带的物品，不要丢三落四，要从容稳重，有条不紊。

（3）面试结束后，别忘了致谢。面试结束后，招聘并没有结束。面试结束之后向面试官表达你的谢意，可以加深面试官对你的印象，进而增加求职成功的可能性。如果在你进入面试室前，有秘书或接待员接待你或招待你，在离去时应对他们的服务表示诚挚的感谢。

□实训演练

分析和完善自己的求职材料

一、活动目标

通过本次实训活动，帮助学生了解求职材料的重要性，掌握求职材料的准备技巧，完善个人求职材料，为未来的求职奠定坚实的基础。

二、活动时间

半天或一天，根据具体情况安排。

三、活动内容

1. 求职材料知识讲座

由老师或就业指导专家为学生讲解求职材料的基本知识，包括简历、求职信、作品集等材料的构成、作用和准备要点。同时，分享一些成功的求职材料案例，让学生了解优秀的求职材料应该具备哪些特点。

2. 个人求职材料分析

学生带来自己的求职材料，包括简历、求职信等，进行小组内的互相分析和评价。通过比较和讨论，发现各自求职材料的优点和不足，提出改进建议。

3. 求职材料完善实操

根据前面的讲座和分析，学生开始完善自己的求职材料。老师或就业指导专家可提供一对一的辅导，帮助学生针对具体问题进行修改和完善。同时，学生可以互相交流经验，分享心得。

4. 求职材料展示与反馈

每位学生展示自己的求职材料，并接受其他同学和老师的反馈。通过展示和反馈，学生可以进一步了解自己的求职材料在视觉效果、内容完整性和表达清晰度等方面的表现，为后续的求职活动做更充分的准备。

□思考与讨论

1. 大学生就业有哪些程序?

2. 典型的面试类型有哪几种? 每种类型的基本程序和应注意的要点有哪些?

3. 面试中应保持什么心态? 言谈举止上该如何体现积极进取的态度?

4. 面试时如果紧张了,怎么缓解自己的紧张情绪?

5. 面试结束时你该如何圆满收场(语言上、行为上)?

6. 请准备1分钟的自我介绍。要求:围绕自己的意向目标岗位要求,简明扼要,突出重点,有吸引力。

7. 阅读下面的案例,展开思考与讨论。

大学生小苏的求职之路

小苏是某高校通信工程专业的应届毕业生。在校期间,他不仅专业成绩优异,还在多个全国性大学生学术竞赛中获奖。为了实现成为技术和管理并重的复合型人才的职业规划,小苏决定考研深造。然而,由于英语成绩未达标,他的考研之路受阻。

面对是继续考研还是就业的抉择,小苏在学校"双师"的帮助下权衡利弊,最终决定先就业,再择机深造。然而,受当时的疫情影响,春季招聘形势严峻。为帮助学生顺利就业,学校成立就业指导工作组,多方收集招聘信息,指导学生适应线上面试。

小苏在海投简历后,陆续收到面试邀请,但一直与录取通知擦肩而过。他曾获得一家企业的录用通知,但由于岗位与专业不符,他婉拒了。尽管一时找不到理想工作,小苏仍坚持初心,相信终会找到适合自己的岗位。

随着央企、国企释放大批优质岗位,地方政府出台系列帮扶政策,高校积极开拓就业渠道,就业形势逐步向好。在学校老师的推荐下,小苏获得了两个心仪的录取通知,经过权衡,他最终入职一家电力科技企业,开启职业生涯的新篇章。

案例来源:人民日报,http://edu.people.com.cn/n1/2020/0713/c1053-31780746.html,有删改。

请思考并讨论:

(1)大学生在求职过程中可能面临哪些困难和挑战? 你认为该如何应对?

(2)如今的时代背景对大学生就业产生了哪些影响? 大学生又该如何应对?

(3)在择业时,你认为专业对口和个人发展空间哪个更重要? 为什么?

模块六 职场适应

案例导入

小王是某大学的毕业生，在校成绩非常优秀，在初入职场准备将自己的所学运用到实际工作中，大干一番时，却发现自己不能融入新的集体和环境，甚至终日无所事事，空有一身的力气却无处使。由于理想和现实之间存在很大的差距，小王开始怀疑自己的知识技能和适应能力，他的工作积极性也受到极大的挫伤。

如果你是小王，你会怎么做？

学习目标

1. 理解大学生角色转换的必要性，顺利完成从学生到职业人的转变；
2. 掌握适应工作新环境的方法和策略，快速融入职场文化；
3. 了解职业适应与发展的基本规律，明确个人职业发展方向；
4. 学习提升职业适应能力的具体方法，不断提高自身职业素养；
5. 积极促进职业发展，把握职场机遇，实现个人职业目标。

单元一 大学生的角色转换

每一位即将或刚刚开始工作的大学毕业生都希望自己能够在崭新的工作岗位上很快就有优秀的表现,做出一番事业与成就。但是我们看到的现实情况是,很多大学毕业生不能很好地适应与大学生活截然不同的全新环境,不能很好地融入组织,以致工作难以开展。其实,这些问题的出现都与大学毕业生的角色转换有关,只有真正认识到自己已经不再是一名生活在象牙塔中的学生,重新对自己进行正确的定位,并且了解一名职业人应当做什么和怎样做,才能在新的环境中立足与很好地发展。

一、学生角色与职业角色

(一)学生角色与职业角色的概念

这里的角色,事实上特指个体社会角色。社会角色是由人们所处的特定社会地位和身份所决定的一整套规范体系和行为模式,是人们对具有特定地位的人的行为的一种期望,它是社会群体的基础,并随着社会实践的发展而不断更新内容。社会角色是社会赋予人的社会权利和义务,它反映了每个人在社会中的地位和在人际关系中的位置,代表了每个人的身份。其中就包括学生时代的学生角色和踏入社会后的职业角色。学生角色和职业角色是两个完全不同的社会角色,因为学生和职业人的社会权利与义务是不同的,两者所代表的身份有着根本的区别。

1. 学生角色

大学生是学生角色中的一个典型代表群体。在大学期间,大学生的主要职责是学习各种专业知识,掌握各种生存技能,发展智力、求学成才是关键任务。虽然大学生已经开始享有绝大部分的社会权利,也需要履行同等程度的社会义务,但社会对大学生的要求更多的是接受教育、完成学业,为今后投身社会工作储备能量。在经济能力方面,由于这一时期还是以学习为主,生活重心也主要局限于校园环境,所以绝大多数的大学生还没有完全独立的经济能力,其经济来源主要是家庭。在人际关系方面,大学校园是众所周知的一片净土,无论是对同学朋友还是对师长，大学生几乎都不需要过多的顾忌与防备，可以畅所欲言，可以不带任何伪装地表达自我和展露情感。

学生角色适应是学生的学习行为及学习心理品质与社会结构及社会互动过程协调。能很快适应的学生，敏于感受和内化社会需要和教育期望，自主、积极、能动地完成学习任务，善于处理好学校、班级和课堂中的人际关系，体现个人价值，并在学习集体中赢得相应的社会地位。

2. 职业角色

职业人是参与社会分工，自身具备较强的专业知识、技能和素质等，并能够通过为社会创造物质财富和精神财富而获得合理报酬，在满足自我精神需求和物质需求的同时，实现自我价值最大化的群体。一个完全的职业人，最主要的社会职责就是在自己的职业岗位上发挥专业知识和能力，为社会服务并获取自我的物质价值和精神价值，其与学生角色相比需要承担更多的社会责任，甚至是成本和风险的责任。

（二）学生角色与职业角色的区别

学生角色与职业角色有以下五个方面的区别。

1. 活动方式不同

学生角色的日常活动主要为学习书本知识。作为受教育者，学生认识社会的途径是间接的，认识的内容也主要是理论性的。同时，由于在校期间学生更多的是接受外界的帮助，缺乏自主能力，所以，当他们进入社会时需要转换角色。

而职业角色则不同，它要求职业人运用自己掌握的知识和能力，通过具体的工作向外界提供自己的劳动。同时，在遵纪守法和遵守用人单位规章制度的前提下，职业角色在生活上也有较大的自由度。

2. 社会责任不同

学生角色的主要责任是学好科学文化知识，掌握社会生活的基本技能，逐步完善自己，以便将来为社会服务，实现自己的人生价值。

而职业角色的责任则是以特定的身份去履行自己的职责，依靠自己掌握的知识或技能创造社会效益和经济效益。两种不同角色分别承担着两种不同的责任。

学生角色责任的履行，主要关系学生本人掌握知识的多少和能力培养的程度。职业角色责任的履行则影响非常大，不仅影响着个人价值的实现，还会影响企业、行业的声誉。例如，一名医生，如果医术精湛、医德高尚，能充分履行自己的职责，不仅能为其他医生树立典范，而且会给所在的医院带来良好的声誉；反之，则会损害医务工作者和医院的形象。

由此可见，从学生到职业人，角色担任的社会责任增强，社会对职业人的责任心有着更高的要求。刚刚走出校门的大学生往往不能适应这种转换，就说明他们还没有认识到自己的角色已经发生了转变，更没有意识到自己承担的社会责任增强了。

3. 社会权利不同

学生角色的权利，主要是依法接受教育，并取得家庭或社会的经济资助。而职业角色的权利，则是在开展工作的过程中依法行使职权，并在履行义务的同时获取报酬和其他相应的社会福利待遇。

4. 社会规范不同

角色规范是对角色扮演者的行为的规定，对于不同的社会角色，会有不同的行为规范和要求。

对于学生角色，是从教育和培养的角度出发规范学生的行为，如通过制定学籍管理条例、学生生活管理条例等规章制度，对学生的学习和生活提出相应的要求，以引导学生健康成长，日后成为合格的社会主义建设者和接班人。

对于职业角色，是对从业者行为模式的规范，这种规范因为职业的不同而千差万别。这些模式既具体又严格，一旦违背就必须承担责任，甚至追究法律责任。

5. 全面独立的要求不同

从学生到职业人，对角色独立性的要求也相应提高。在学生时代，学生在经济上主要依靠家庭的资助；在生活上依赖家长的关照；在学业上习惯了老师的指导，总是处在被人扶助的环境之中。而学生毕业后离开学校，转变为职业人开始自己的职业生涯后，全面独立的要求主要表现在以下几方面：

(1)由于有了工作报酬，经济上逐步成为独立者。

(2)工作上要求能够独当一面，不再依靠家庭和老师。

(3)学习上要会自我安排,在自己日常的工作、生活中通过自身的体验了解和认知社会。

(4)生活上要会自己照顾自己。

这些要求不仅使青年学会依靠自身力量,也为青年的发展和自身完善提供了更广阔的空间和自由度。

(三)从学生角色转换到职业角色的意义

人的职务或职业生涯会不断变化,角色也会随之发生变化,因此角色转换是对作为个体的人在社会关系中的动态描述。

大学生告别校园,走上工作岗位,意味着他们已经脱离各方面的监护,开始独立自主地生活,因此大学生尽快地适应职业人的角色,实现角色转换,对他们的职业成功意义非凡。

1. 有利于尽快适应职业生活

大学生从校园踏入社会,经历着从学生角色到职业角色的重大转变,这一转变对他们的职业发展有深远的影响。尽快适应职业生活不仅是一个必要过程,更是一种能力的体现,它关乎大学生能否在新的工作岗位上站稳脚跟,实现自我价值。

融入职业角色,意味着大学生需要全面理解并接纳新的工作环境和要求。他们面对的不仅仅是知识的学习,更是对现实化的专业内容、具体的工作任务以及与之相伴的责任和压力的承担。在这个过程中,那些能够迅速调整心态、积极学习并付诸实践的大学生,将更有可能在职业道路上取得先机。

2. 有利于在人才竞争中脱颖而出

竞争性是市场经济的基本特征之一。市场竞争是无情的,适者生存、优胜劣汰是不以人的意志为转移的客观规律。初为职业人时,必然会面临各方面的挑战和竞争,只有尽快将所学的理论知识应用于实践中,并不断提高自身素质和能力,快速进入职业角色,然后熟练开展工作,才能在激烈的人才竞争中脱颖而出。

3. 为今后的发展打下良好的基础

从学生到职业人的转变过程，实质上是将理论运用于实践的过程。能否较快且顺利地实现角色的转换，反映出大学生潜在素质和能力水平的高低。以积极的态度顺应职业工作的需要，主动适应岗位的要求，努力完善自己，才能为今后的发展打下扎实的基础。

从学生角色到职业角色的转换，本质上就是社会化的过程，是新参加工作的毕业生学会如何在组织中行事，逐步了解和认同组织的价值观，具备组织所需的能力及社会知识，从而在组织中担当某种角色，真正成为组织一员的过程。个人的社会化应达到如下目标：

(1)业务熟练，通过学习熟悉从事的工作。

(2)与组织其他成员成功地建立和谐关系。

(3)全面了解正式或非正式工作关系，以及组织内部权力结构。

(4)掌握组织独有的专业术语及缩略语、行话等。

(5)了解特定的组织目标和价值观。

(6)理解组织的传统、习惯、仪式等，并熟悉组织重要成员或有影响力成员的个人背景和工作经历。

二、角色转换的几个阶段

角色转换主要分为四个阶段，由于每个人的成长和发展轨迹不同，同年龄的人可能处于不同阶段。

(一)成长、发展、探索阶段

通常0～20岁的人处于这一阶段。此时的主要任务如下。

(1)发现和发展自己的需要、兴趣、能力和才干，为实际的职业选择打好基础。

(2)学习职业方面的知识，开始寻找适合自身的角色模式，获取丰富信息，发现和发展自己的价值观、动机和抱负，并做出合理的受教育决策，将幼年的职业幻想变为可操作的现实。

(3)接受教育和培训,养成良好的习惯。这一阶段充当的角色是学生、职业工作的候选人或申请者。

(二)进入职场阶段

通常16~25岁的人步入该阶段。第一,进入劳动力市场,谋取可能成为一种职业基础的第一项工作;第二,个人和用人单位之间达成正式可行的契约,个人成为一个组织或一种职业的成员。这一阶段充当的角色是应聘者、新学员。

(三)基础角色培训阶段

处于该阶段的人同样可能在16~25岁之间,但与进入职场阶段不同,该阶段人们已经迈进了职业或组织的大门。此时的任务主要是了解、熟悉组织,接受组织文化,融入工作群体,尽快取得组织成员资格,成为一名有效的成员;适应日常的操作程序,做好自己的本职工作。

(四)成为正式职员阶段

处于该阶段的人通常为17~30岁,取得组织新的正式成员资格。该阶段面临的主要任务如下。

(1)承担责任,成功地完成工作任务。

(2)发展和展示自己的技能和专长,为提升纵向职业或进入其他领域的横向职业成长做好基础准备工作。

(3)根据自身才干和价值观,根据组织中的机会和约束,重估当初追求的职业,决定是否留在这个组织或职业中,或者在自己的需要、组织的机会和约束之间寻找一种更好的平衡。

三、角色转换的具体内容

(一)对立面的转换

角色对立面的转换会出现以下两点变化。

1. 从“需求”至“给予”

大学生要转换成职业人，必须先“给”，否则什么也“要”不到。将索取的心态变成贡献，这是成为职业人的关键。从企业的角度来说，企业对人的判断有两个方面：一是潜力，看你未来成长的空间；二是贡献，看你的加入对企业能产生什么样的价值。要想成为职业人，大学生应考虑自己能为企业带来什么。

2. 从“学习别人”至“自我成长”

在大学生活或者在以前的学习生涯中，学生有老师、家长的引导，他们教给学生知识，学生只需要认真学习。但进入职场后学生成为职业人，要通过自己的不断探索找准发展方向，做到自我成长。

（二）自我成长的转换

人生有很多转折，但对一般人而言，从学校到社会，从学生到职业人就是一次重大的人生转折，需要做很多方面的转变，才能胜任工作，取得成就。

1. 生活环境的转变

虽然大学已由过去神圣的“金字塔”变为当今的“小社会”，但对大多数学生而言，学校仍然是一个宁静、单纯的乐园，他们在那里过着简单而快乐的生活，对社会知之甚少，乐观单纯，涉世未深。而且在学校更多的是以集体方式上课、生活，个人虽有自由，但独立性、个体性的能力相对较差。而一旦走向社会，真正参加工作，每个人将面对各种不同的环境、条件和人群，生疏、孤单甚至恐惧一开始就会扑面而来，使他们无所适从，茫然不知所措。只有随着时间的推移，他们才能慢慢地转变和适应。

2. 角色心理的转变

从学生到职业人，是一个跨度很大的角色转换，对刚参加工作的大学生而言，需要花费很大的力气才能完成。因为学生时期主要是学习各种知识，接受教育和管理，总体上属于被动接受的角色。而一旦工作，就可能成为不同类型的教育者、管理者和指挥者。教育和被教育、管理和被管理、指挥和被指挥，这种角色换位，包括责任担当都是有很大区别的。所以要求刚工作的大学生，从心理到身份对自己进行一个全面的调整和转变，知道自己不再是天真活泼的大学生，而应该成为一个可独立工作、思维严谨、有责任担当的职业人。

3. 行为举止的转变

大学生和职业人的行为举止是完全不同的两种类型。大学生天真活泼、富有个性，充满活力与朝气。而职业人则总体要求衣着得体，举止大方，言谈适度，彬彬有礼，活泼而不轻狂，朝气蓬勃而不失稳重端庄。所以，要由学生转变为职业人，所有行为举止都要在新环境中有所改变，在企业文化的熏陶下潜移默化地转变，直到完全融入工作集体。

（三）适应新环境的转换

除了以上讲到的几个转换以外，大学生到新单位的主要任务是尽快适应新环境和做好工作。

1. 从小事做起

大多数大学生在工作前都有美好的理想和雄心壮志，但到单位后，有的发现专业不对口，用非所学；有的只是从事烦琐或没有技术含量的简单劳动，枯燥无味，根本不能发挥自己的才能，感觉埋没了自己。从满怀希望变为失去信心是很正常的，也是可以理解的，但必须面对现实，工作前期要从小事做起，这样有利于自己的成长，走好这一步今后的路会走得更快、更顺、更好。

2. 勇于奉献，礼貌待人，乐观处世

刚参加工作，尽量不要多提条件，要勇于奉献，不要怕吃苦，不要怕吃亏；要乐观地对待失败和挫折，不断总结经验，吸取教训，使自己成熟、成长；要礼貌待人，学会宽容和忍让，心胸豁达，富有涵养。这对塑造自己的人格和促进职业发展都大有益处，也是练好“内功”的基础。

3. 树立全局意识,加强团队合作

全局意识,是单位每个员工都必须具备和服从的基本理念,一切为大局着想,在搞好团队合作的前提下,充分发挥个人的才能。不顾大局,过分突出和表现自己的新员工很可能会成为个人英雄主义者,甚至被非议和孤立,也很难做出很大的成绩。树立全局意识,努力加强团队合作,才是个人走向成功的保障和基石。

(四)进入职场后的心态转换

进入职场后,在工作岗位上,面对陌生的工作条件和生活环境、现实化的专业内容、复杂的人际关系,谁能尽快调整好心态实现角色转换,谁就能较快地适应工作,并掌握成功的主动权。

1. 树立目标理想,脚踏实地工作

大学生富有朝气,有目标,有理想,有创造力、想象力,这是成功的希望所在。但是在树立雄心壮志的同时,一定不能眼高手低,必须一步一个脚印,脚踏实地,勤勤恳恳,兢兢业业,认真负责地做好每一项工作,积累才干、增长知识、熟悉业务、积蓄实力,逐步实现自己的目标和理想。

2. 努力发挥才能,谦虚学习他人长处

人无完人,每个人都有自己的长处和短处。大学生到新的工作环境,要努力发挥自己的才能,也要虚心学习他人的长处,取长补短,完善自己;要乐于帮助别人,也要谦虚谨慎,不骄不躁,在尊重别人的同时,也能赢得大家的认可和尊重,为自己建立良好的同事关系和宽松和谐的工作环境,这样自己才能身心愉悦地不断发展并取得成功。

3. 组织关怀培养,个人发奋图强

每个人都会经历由稚嫩到成熟,由弱小到强大,由籍籍无名到有一番作为的成长过程。对于刚参加工作的大学生,组织(单位)应该积极热情地关心和培养他们,从生活、工作业务,甚至个人心理健康方面全方位地关心和培养他们,使他们有“家”的感觉,感到自己和组织息息相关,荣辱与共,他们就会拿出

百倍的努力、万分的热情，全身心地投入工作，自觉地把自己当成组织的一员。同时，大学生个人也要不断奋发图强，努力奋斗，为组织作出自己应有的贡献，实现自己的人生理想，为组织的发展增光添彩，铸造辉煌。

总而言之，大学生转换角色，适应工作岗位涉及本人和所在单位两方面因素，而且每个单位的具体情况也有所不同，不可能千篇一律，一概而论，要具体情况具体分析、具体对待。

小贴士

角色转换过程中应该避免的问题

个体的社会角色发生变化时，新旧角色转换必然伴随着不同角色之间的相互冲突。这种角色冲突是普遍存在的，因此，在学生角色转换为职业角色时也不可避免地会出现各种各样的问题。

1. 依赖他人心理

职场和校园是完全不同的，在工作中，很少有人会像学校的老师一样手把手教你。职场需要员工发挥主观能动性，主动思考、规划。在职业生涯开始时，许多人常常会不自觉地置身于学生角色中，以学生角色的社会义务和社会规范要求自己、对待工作，过度依赖同事或领导。当一个人习惯于依赖他人时，可能会逐渐丧失自己解决问题的能力，不利于工作的展开。

2. 自负或自卑心理

有些毕业生对自我的认知存在偏差，认为自己接受了多年高等教育，应该在各方面都具有良好的条件，因而盲目自信。这种心态很容易使毕业生在进入职场后纸上谈兵、眼高手低。有些毕业生在初入职场的阶段，因为不知如何适应新的工作环境，会表现得怯懦、自卑。这些问题都反映了毕业生没能顺利地从学生角色转换为职业角色，这必然对其职业适应能力和后期的职业发展造成各种不良影响。因此，在两种角色的过渡阶段，毕业生一定要谨慎对待，同时应采取必要的方法帮助自己平稳转换角色。

3. 浮躁心理

有些刚参加工作的毕业生往往弄不清楚自己在工作中真正需要什么和能做什么，他们在角色转换初期内心浮躁，对工作的兴趣总是不持久，并且习惯把这一问题推脱为他人的责任，而认识不到自己的问题。

单元二　适应工作新环境

一、工作环境

（一）工作环境的含义

工作环境，广义上指与工作有关的物理环境和社会环境；狭义上指人的工作地周围的物理环境，如办公室、工厂、车间等。对工作环境可从个体、人际和组织三个水平进行分析。个体水平的分析集中在对工作直接发生作用的环境条件，如办公室或车间的大小、照明、通风、噪声情况等。人际水平的分析主要致力于工作空间对交谈的便利程度、工作空间的象征性作用（指工作空间反映使用者在地位、身份上的特征）及工作区域的布局特点等。组织水平的分析包括最大范围的物理环境，集中于建筑的内部结构和外部布局，工作单元（如车间）的远近、包围程度等。

适应工作新环境的方法

（二）工作环境的重要性

对于刚从校园招聘会脱颖而出的新入职员工来说，工作环境在很大程度上影响其工作积极性，以及能否快速融入工作团队。当然，这不仅仅是对新员工而言的，对老员工也是一样的。良好的工作环境能让员工有更饱满的工作热情和持续的工作动力，并且能够使其更加全身心地投入工作，同时也更利于员工产生更多发散性思维。反之，如果工作环境恶劣，那么员工对待工作则会失去热情和信心，这样也不利于员工的稳定发展，会降低员工的活跃性。

二、适应工作新环境的方法

毕业生在转换角色的同时，也意味着要适应工作新环境。很多毕业生会在此时踌躇甚至慌张，事实上工作环境并非大家担心的那样处处是陷阱、凡事皆棘手。只要做好以下最基础而又最重要的几个方面，自然能够顺利地适应新环境。

(一)树立良好的个人形象

几乎没有人会否认一个人的良好形象在社会中的重要性,良好的个人形象是人际交往的重要资本。个人形象的范围广泛,包括外貌仪表、言行举止,通俗来说就是一个人看起来如何,说话怎样,以及在待人接物方面的表现怎样。毕业生初到工作岗位时,一定要注意两个方面:一是注意自己的外表和体态语言;二是了解自己的优点与劣势,懂得从哪些方面塑造自己的形象。

外表和体态语言虽然较为表面与主观,但是却在给人的第一印象中占有重要的分量。作为职业新人,毕业生一定要注意自己的着装打扮,关键是要符合自己的职业身份和个性特点。无论从事的是哪种职业类型,只要工作性质允许,还是应当适当地进行颜面修饰。衣着也是如此,选择一些合适的职业装,能给你的个人形象加分不少。总体而言,做到成熟、稳重和大方是使自己的外表装扮最适合职业环境的不变原则。同时,还要注意自己的体态语言。例如,经常性地保持微笑,不要总是一脸严肃,否则会让他人觉得你难以接近而和你疏远,这些小的细节都会直接影响他人对你的第一感受。

在保持自我形象方面,正确了解自己的优缺点非常重要。外表和举止是外在方面,并不代表个人形象的全部内容,而个性因素则是个体形象中非常关键的内在方面。虽然一个人的个性特点很难在短时间内有明显的改变,但是可以通过了解自己的优势与劣势,尽可能地展现自己的优点,同时用优点弥补自我缺陷,从而在与他人的交往中表现出最优的自我形象。

(二)建立和谐的人际关系

作为一个社会人,每一个个体都不是完全独立的、封闭的,必然会与他人接触、相处,大学生走出校园踏入职业社会更是如此。许多刚刚参加工作的甚至是已经入职多年的职业人发现,在职场这个大集体中,往往并不是简单地做好自己的工作就足够了,学会与周围的人沟通与交流比自己盲目地埋头苦干效果更好。

有相当一部分初入职场的毕业生会对如何处理好职场中的人际关系感到困惑和苦恼。

例如，面对领导时应当如何表现、如何反应，与同事接触时又有哪些禁忌和法则。事实上，人与人之间的关系虽然复杂，但当把握一定的为人处世原则后，人际关系也就变得很简单。美国著名的人际关系学大师卡耐基曾提出有关人际交往的五个重要法则："互惠互利"是人际交往的根基；记住他人的名字；学会真诚地赞美别人；当一名好听众；微笑具有神奇的力量。

(1) 所谓"互惠互利"，并不是指人与人相处都是带有功利性、有目的的，而是提示我们在与人相处时要时刻带有感激之情，懂得先对他人表示友好。只有抱着这样的心态与人相处，才会同时获取对方的尊重与友好表示。

(2) 记住他人的名字是非常实用且有效的人际交往方法之一。事实上，能否记住对方的名字或面孔本身就是对他人是否尊重和重视的检验。有时候不是你的记性不好，而是你没有用心对待他人。进入工作环境后，毕业生要能够尽快记住同事、领导的名字与面孔，这样既能避免见面时不知如何应对的尴尬，又能让他人感受到你的平易近人，从而建立和谐的人际关系。

(3) 如果想在人际交往中得到别人的好感，就要学会在恰当的时机用恰当的方式赞美他人。所谓恰当，就意味着一定要真诚，发自内心。毕业生在初进单位时更多时候容易出现的情况是羞于大胆地夸赞他人，担心别人质疑自己的动机，抑或是因为难以发现他人的优点而不愿做表面工作。事实上并不需要有太多顾虑和担忧，只要懂得和人相处时保持真诚，就会很容易发现别人的长处，从而发自内心地给人以称赞。

(4) 当一名好听众也是在人际交往中获取好感的重要砝码。与人相处不但要懂得说话更要懂得倾听，因为每个人都希望别人能够听取自己的想法、理解自己的情感，并且获取他人的理解与支持。职场新人更要学会听别人讲话，尤其是在领导、同事与自己沟通时。

(5) 微笑的力量是我们每个人都深深理解和认可的。有的毕业生可能会认为自己是个内向谨慎、沉默寡言的人，不擅长在陌生环境中展示微笑，但其实发自内心的笑容并不难做到，正如对别人的赞美一样，只要真诚就能获得他人的好感。

总之，刚刚进入职场新环境的毕业生，要尽可能主动地与他人沟通交流，切忌独来独往、沉默寡言，这样既不能帮助自己尽快地适应新环境，也会阻碍领导和同事对你的了解。

（三）疏导初入职场的压力

对于每一位初入职场的毕业生来说，没有压力不现实，适当的压力会成为督促进步的原动力。但是，当压力过大而又无法释放时则会容易出现各种各样的情绪问题，而带着不良的情绪工作必然会影响工作效率。因此，毕业生在踏入职场后出现各方面的不适应时，应当采取措施释放压力，而非逃避压力。

寻求好的解压方式非常重要，有效的解压方式能够很好地缓解各种压力带来的负面情绪。其中，自我放松就是一种比较理想的解压途径。当心理压力过大难以承受时，可以试图每天给自己一点空隙用以放松。放松的形式非常多，例如深呼吸、慢跑、听音乐、睡眠等。可以每天晚上花一点时间记录一下自己今日的状况，进行一下自我反思和鼓励，将不良情绪转化为明天继续奋斗的动力；也可以在临睡前听一些舒缓的轻音乐或者自己喜欢的音乐。睡前读书一方面促进睡眠，另一方面可以抛开白天工作上的烦恼。

除了自我放松，倾诉也是一种良好的解压途径。当心情烦躁难以自控时，可以立刻记录此时此刻的感受与烦恼，很多时候人能够在书写的过程中逐渐冷静下来，甚至发现一些本质的问题。除了自我倾诉外，还可以向身边的好友或家人倾诉，及时化解不愉快的情绪，获得别人的情感支持。因此，紧张工作之余一定不要将自己闭塞起来，倾诉往往能成为缓解自身压力的一剂良药。

放松和倾诉都是疏导压力的好途径，但更重要的是从根本上查找问题，也就是寻找压力源，改变认知观念。压力一方面来自外界的客观因素，另一方面则产生于个体自身的认知偏差。例如，完美主义者总是以过高的标准要求他人和自己，一旦事情发展不能达到其过分的要求就会产生不良的情绪。而消极主义者则因为很难发现事物的多面性，总是将认知局限于最糟糕的状况，所以也很容易在情绪上受到影响。事实上，任何事情都没有绝对的好与坏，如果能够真正认识到这一点，将消极的思维转换为积极的思维，那么本身可能导致压力的因素自然也就不复存在了。只要我们以一种新的角度或有利视角看待同一个情况，借力使力，更好地发挥潜能，就能自我释怀。

(四)适应企业内部环境

(1)适应企业的环境:每一家企业都有自己的文化特点与工作管理流程,当你已经来到了这个新环境,你只能去适应它,而不是让它去适应你,你需要尽快了解该企业的发展理念、工作流程模式、管理制度等。

(2)熟悉企业的业务:每一家企业都有自己的产品、经营范围、业务领域,你可以通过企业的官网、产品宣传手册、与各个业务部门人员的交流,尽快熟悉企业的业务,短期内虽不能达到精确掌握,但至少要从宏观上了解企业的业务。

(3)熟悉企业组织架构:无论你入职哪个部门,通常都需要与企业的各部门交流与沟通,所以你需要了解企业有哪些部门、每个部门的主要负责人,这有利于以后开展工作。

(4)规划未来的工作:不管企业或部门有没有这个规划,你都要给自己定一个简单且清晰的目标,比如承担哪部分工作,如何通过自己的方式在企业大的工作框架下开展工作。

(5)与部门人员的沟通:有时候人际关系会对工作产生很大的影响,作为新人,你不可能一入职就得到别人的青睐,一般没有3～6个月,很难融入新的团队,你在观察别人的同时,别人也在审核你的人品与能力,因此你能做的就是低调做人、踏实做事。

(6)处理好与主管的关系:大部分企业很忌讳越级汇报,你的工作业绩评价很大部分来源于主管,因此你需要处理好与主管的工作关系。职场中什么性格的人都有,也许主管会欣赏你,那么你会事半功倍,但是如果主管对你要求严格,你只有以更加认真的工作态度赢得他对你的认可。

(7)认真审视自己的工作氛围:谁也保证不了新环境肯定是自己的最好归宿,我们没必要挑刺新工作,但是也没必要委屈自己,人生的路途还很长,不可能每一次选择都那么完美,记得适合自己最重要,如果思考后认为新环境不适合自己,那么果断去寻找其他工作,但是一定要确定这不是你头脑发热的结果。

三、初入职场的大学生在新环境中常见的问题

(一)缺乏吃苦耐劳的职业精神

大学生在初入职场工作的过程中,其生活环境从舒适的校园变成了充满竞

争的企业，对比校园生活的轻松、活跃，企业工作时间相对固定，且制度化。有些毕业生处于一线岗位，工作强度较大，而他们在面对严格的制度和高强度工作的时候，常常缺乏吃苦耐劳、严格要求自己的职业精神，很难进入工作状态。

（二）缺乏职业规划，过于注重眼前利益

从大学生的择业观可以看出，现阶段的大学生在择业方面考虑更多的是近期利益和工作内容的舒适度，缺乏长远的职业规划，过于注重薪资和工作环境，在工作一段时间之后，因升职和加薪空间的局限而离职或跳槽的大有人在。

（三）难以适应新的社会角色，存在落差感

在校期间大学生是天之骄子，家长、学校、教师多围绕他们服务，使其逐渐形成以自我为中心的心态。而在参加工作后，他们从天之骄子变成了工作的参与者，从被服务者变成了服务者，这种落差感往往会造成其心理失衡，从而影响其参与工作的积极性。

（四）自我认知不足

许多刚毕业的大学生对自我的认知不足，往往根据薪资、工作内容、工作强度择业，很少从自身定位去选择职业，导致很难胜任部分工作，最后只能辞职或被辞退。

（五）沟通能力弱，人际关系处理不当

许多初入职场的大学生因社会经验不足，在与同事、领导沟通时，往往欠缺技巧，从而导致与同事间交流不畅，人际关系处理不当，最终导致人际关系紧张。

单元三 职业适应与发展概述

一、职业适应与社会适应

（一）职业适应

1. 适应与适应性

适应通常作为生物学方面的专业名词使用，它代表某生物个体或物种群体与环境（包括其他生物种群）间的协调程度，它是通过生物个体或物种群体的形态结构、生理功能、行为反应、生活习性等表达出来的。

适应既可以是一种过程，也可以是一种状态。有机体通过同化和顺应两种作用取得与环境的平衡，这种平衡的状态即适应状态。个体处于平衡—不平衡—平衡的动态变化过程即适应过程。

适应性是指个体在社会化过程中，改变自身或环境，使自身与环境协调的能力，即个体在与环境适应过程中形成的适应能力，它是认知和个性因素在个体的适应—发展—创新行为中的综合反映，是个体生存和发展必要的心理因素之一。

2. 职业适应的概念

职业适应，指的是大学生从学生角色到职业角色的过渡。职业适应包括很多内容，但由于场合不同，可能会有不同的强调要点，如工作效率、无事故倾向、最低能力和特性要求、工作熟悉度、意愿适应、个人背景。

3. 职业选择适应的概念

从职业适应的定义出发，可以将职业选择适应理解为个体通过自我认知，科学地选择职业，并适应职业要求，从而达到个体、职业相匹配的过程。职业选择适应反映的是大学生对职业选择的职业价值观判断，对自我职业能力与职业岗位需求之间的平衡的判断，对企业的要求和自我的职业需求符合程度的自我感受；反映的是大学生与职业之间相互选择过程中的不断纠正、不断协调。

4. 职业选择适应过程中容易出现的问题

首先是职业茫然。在大一和大二学年，大学生在职业方面主要表现为职业茫然。通过职业生涯规划课程的课堂测验发现，只有不到 10% 的大学生进行了比较详细的规划，但是也仅仅是准备从事什么工作、考研、创业、出国等，对于细节也是模棱两可。他们不知道自己真正想干什么，不知道自己能干什么，也没有分析清楚自己适合干什么，甚至不知道自己所学的专业具体涉及哪些职业领域。

其次是选择困难症。在大学生即将毕业之际，虽然经过几年的大学学习，他们积累了丰富的专业知识和职业技能，但是仍然存在职业选择困难症。有的大学生将职业选择定位在收入高、工作环境安逸、不出差等这些外职业生涯方面。当出现多个职业或者多个职业岗位的时候往往无法做出合理、科学的判断和选择，不知道该用什么工具或者方法排除选择，出现了选择困难症，表现出犹豫、焦虑等。

最后是职业初期的不稳定性。初入职场的大学生，由于种种原因，如想寻求更好的职业发展机会、对工作环境和内容不适应，或对自身职业定位不清晰等，有可能会产生跳槽的念头。频繁地跳槽和更换职业，虽然在一定程度上能够为大学生提供更多的学习和锻炼机会，帮助他们更全面地了解不同行业和工作领域的特点，但也可能导致他们在某个专业领域内的知识和技能无法得到深入和系统的提升。同时，过于频繁的职业变动也可能影响他们在职场中人际关系的建立，以及使他们对于某一行业无法深入理解和把握。

(二)社会适应

1. 社会适应的概念

社会适应指个体逐渐地接受现有社会的道德规范与行为准则，对于环境中的社会刺激能够在规范允许的范围内做出反应的过程。社会适应对个体有着重要意义，一个人如果不能与社会达成一致，就会产生与所处环境中的一切格格不入的心理状态，久而久之，容易引起心理问题。人类可以通过语言、法律以及社会制度等的控制，使自己与社会相适应。

2. 社会适应的四个阶段

应当把作为过程的适应和作为结果的适应性与适应过程的结果区分开来。在新的社会环境中个体的适应通常划分为以下四个阶段。

(1)初期阶段——个体知道自己在新环境中应该如何行动,但意识上却不承认新环境的价值,并可能拒不接受,仍然抱着原有的价值系统不放。

(2)容忍阶段——个体和新的环境彼此对于价值系统与行为方式都表现出相互宽容的态度。

(3)接纳阶段——在新的环境承认个体的某些价值的情况下,个体也承认并接受新环境中主要的价值系统。

(4)同化阶段——个体与环境的价值系统完全一致。

二、职业适应性的分类

职业适应性可分为一般职业适应性和特殊职业适应性两大类。

(一)一般职业适应性

一般职业适应性是指从事一般职业所需的基本生理、心理素质特征。随着我国改革开放和社会主义市场经济的发展,企业用工制度和用人策略发生了很大的变化,对人才的职业能力测评已成为急需的服务项目。中国科学院心理研究所和北京大学、华东师范大学、浙江大学的心理学系等已开展了人才测评的研究,开发了一系列的一般职业能力测评量表和专项能力测评量表;各地的人才市场、劳动力市场也开始开展人才素质测评服务。

(二)特殊职业适应性

特殊职业适应性是指从事某一特定职业所需的特殊生理、心理素质特征。特殊职业适应性研究根据各个特殊职业的不同有其特殊性。在第一次世界大战期间,对飞行员选拔的需要促进了对飞行员职业适应性的研究,同时带来了心理测量学的发展。继飞行员职业适应性研究后,又相继开展了宇航员、驾驶员、潜水员、外科医生和音乐家等特殊职业适应性的研究。在工业领域,由于有些特殊工种对作业者本人及周围的人与环境有重大的危害性，所以，有必要对特种作业人员的职业适应性进行研究。国外从20世纪60年代就开始了对焊接工、电工、起重工、司炉工等特种作业人员的职业适应性研究。

从20世纪80年代开始，我国在驾驶适应性方面开展了系统的研究。金会庆等通过研究发现并证实在中国存在事故倾向性驾驶员，并通过对事故倾向性驾驶员和安全驾驶员的病例对照研究发现，在人体形态、生理机能、视觉机能、心理、神经生化5个方面，事故倾向性驾驶员和安全驾驶员存在显著差异，揭示了事故倾向性驾驶员具有易发事故生理、心理特征。驾驶适应性检测系统在全国的推广应用，对筛检事故倾向性驾驶员，训练在职驾驶员的生理、心理素质，从而降低我国道路交通事故的发生率等发挥了较重要的作用。

三、影响职业发展的因素

影响职业发展的因素

职业发展建立在职业适应的基础之上，是使自己的价值充分体现，成为组织满意的优秀员工的过程。职业发展对个人、家庭、职场和社会都会产生重要影响。

职业发展要求职业人修炼职业情商。要以积极的心态面对工作，在工作中充分认知自己，继而进行自我调控和激励；同时认知他人的情绪，实现顺利沟通，锻炼领导和管理能力；还要培养职业逆商，当面对逆境时，不抱怨，主动发现、思考、解决问题，善于总结，保持幽默，必要时主动承担责任，培养良好的职业习惯；更要管理职业健康，保证健康饮食和充足睡眠，适度运动，养成良好的生活习惯。职业发展如同爬山，一路上会有很多预想不到的艰难险阻，也可能会有无人理解和支持的孤单寂寞。只有那些不畏前路艰难，认准适合自己的道路并勇于攀登的人，才有希望达到光辉的顶点。

（一）内在因素

1. 兴趣与热情

个人的兴趣和热情对职业选择和发展有至关重要的作用。对某一领域的浓厚兴趣会激发个人持续学习和进步，从而在该领域内取得更好的成就。热情则能够帮助个人在面对挑战和困难时保持积极态度,更好地应对职场中的各种情况。

2. 能力与经验

专业知识、沟通技巧、团队协作能力、领导能力等是毕业生在职场中立足的基础,拥有强大或独特的技能储备的人,在职场中更具竞争力,更容易获得认可和晋升机会。而随着知识的不断更新和经验的不断积累,个人在职场中的适应能力和解决问题能力也会逐渐提升。丰富的知识和经验还可以让个人在特定领域内获得更高的权威和影响力。

3. 动机与目标

职业发展的动机和目标是个人内在的驱动力,促使个人不断追求进步,努力实现自己的职业愿景。明确的动机和目标可以帮助个人在职业生涯中保持清晰的方向感,从而更高效地实现自己的职业愿景。

(二)外在因素

1. 社会管理的变革

职业作为一种社会现象并非人类一出现就有,它是人类社会生产力发展到一定阶段的产物,是随着社会分工的出现而产生的。

人类社会出现了三次社会大分工,人们从事的劳动从原来单一的原始农业到畜牧业、手工业、商业。由此出现了人类最初的职业:农民、牧民、工匠、商人等。

此后随着历史不断演进,职业也跟着不断发展,其中包括职业的新兴、繁荣、衰败。有些职业因为不能满足社会的需求而被人们抛弃,从此销声匿迹,有些职业由于其特殊的性质得以长久保存,只不过在不同时代背景下,其内涵有所不同。世界上任何事物都在运动着,所以职业不是一成不变的,职业是不断发展的。

2. 技术的变革

随着科学技术的发展,人类社会生产力得到了迅速发展,社会必要劳动时间不断缩短，一些原来由手工操作的工作也逐渐被机器取代。在人类史上科技发展最快、成果最多的第三次科技革命更是如此，涉及信息技术、新能源技术、新材料技术、生物技术、空间技术和海洋技术等诸多领域。这次科技革命不仅极大地推动了人类社会经济、政治、文化领域的变革，而且也影响了人类的生活方式和思维方式，各种前所未有的职业如雨后春笋般出现在人们的视野中。21世纪的科学技术日新月异，每天都有新的成果，相应地对某些职业来说，所运用的技术需要不断改进，所以从事这些职业的工作人员需要不断地学习新技术，否则只会被淘汰。

科技的发展还促使社会分工越来越细化，职业也因此产生了许多分支，许多新的职业是从原来的一个口径比较宽的职业当中分离细化出来的，或者是由原来的属性转化为另一属性，成为一个独立的职业。

3. 经济发展的变革

随着经济的发展，人们的生活水平不断提高，人们的物质文化需要日益增长，社会总体需求也越来越高。这时就迫切需要相关职业的产生，或者是原有职业的变革、进步。比如，在工作之余或者在退休之后，人们会选择到处走走，去旅行，这就促使了导游的产生。再比如由于人们对生活质量要求的不断提高，市场上产生了诸如宾馆试睡员、美食家、营养师等职业。

同时，经济对职业的影响是多重的，因为经济的发展反过来会促进科技的发展，而科技的发展又影响着职业的发展；同样地，经济的发展也影响着国家政策的制定和实施，从而也会影响职业的发展。

4. 产业的变革

当前，新一轮科技革命和产业变革深入发展。科学研究向极宏观拓展、向极微观深入、向极端条件迈进、向极综合交叉发力，不断突破人类认知边界。技术创新进入前所未有的密集活跃期，人工智能、量子技术、生物技术等前沿技术集中涌现，引发链式变革。

随着我国加快发展新质生产力，逐步构建与其相适应的产业新体系，以新能源、新材料、先进制造、电子信息等为代表的战略性新兴产业快速发展，释放出大量的就业需求。有数据显示，新兴产业动能加速释放，带动相关行业人才需求强劲增长，2023年1—6月，新能源行业招聘职位数同比增速达36.1%，新制造领域工业自动化行业招聘职位数同比增速为6.9%。政府对新兴产业的扶持和鼓励，以及市场对于创新产品和服务的需求的增长，都为新兴产业的发展提供了广阔的空间。高校是教育、科技、人才的集中交汇点，对新兴产业的发展有着重要的支撑作用。面对产业迭代带来的就业新趋势，高校和毕业生应牢牢把握新的时代机遇，与政府和企业同向发力，推动教育链、人才链与产业链深度融合，不断拓展新的就业空间。

单元四 提升职业适应能力的方法

职业适应能力是在先天因素和后天环境相互作用的基础上形成和发展的。

一、调整心态，积极应对

一般刚参加工作的大学毕业生从事的岗位都在基层，和自己的理想可能存在一定落差。因此，需要做好充分的心理准备，除了要锻炼自己的抗压能力外，还要学会以积极的心态面对新环境。人在面对工作压力时，最好的解决方法就是尽快熟悉业务，在平凡、枯燥的工作中，寻找乐趣。职场中人如果能在平凡工作岗位上激情不减，表现突出，能在压力下不屈不挠，努力工作，必将披荆斩棘，成绩斐然。

一些毕业生刚进企业时，习惯用学生的眼光看待企业，对企业现状不满，接受不了企业的“条条框框”，没有耐心去适应企业。其实，每个企业都有优势和劣势，最重要的是你要学会适应新的环境，在和企业相互深入了解后，找到自己合适的位置。

职场新人面对上司、对待同事都要以向他人学习的态度进行沟通和交流，不要急功近利，更不能骄傲自满，要多观察和学习他人的经验，弥补自己的不足。

几乎没有一个人的职场经历是一帆风顺的，对于刚刚毕业的大学生来说更是如此。只有经历了波折与风浪，才会在以后的职业生涯中有更加优异的表现和更好的发展。

二、加强实践

在现实中，把工作经验看得比学历和学校更为重要的招聘单位并不在少数。对招聘单位的工作经验准入门槛“恨之切切”的大学毕业生也不在少数。事实上，大学毕业生无论是在校期间，还是进入职场后，都有大量的机会进一步加强自己的实践工作经验，关键取决于自己能不能抓住机遇。

实习能够帮助大学生对社会和职业有一定的了解。同时，大学生也可以在实践中开阔视野，增长见识，为进一步走向社会打下坚实的基础。

因此实习期一定要认真对待，不要以为与真正工作不同就马虎应付。事实上，很多用人单位在招聘时都会调查求职者在大学期间有过哪些见习和社会实践的经历并从中学到了什么。

平时的学习也是增加工作经验的良好途径之一。很多大学生在毕业之前基本上都将自己封闭在一个独立于外界的真空室内，这无疑会影响用人单位对自己的评价。因此，大学生在踏入社会之前，应该主动了解和认识社会环境，多参加社会活动，积累更多经验，为提升职业适应性打下基础。

单元五 促进职业发展的方法

一、坚持终身学习

（一）终身学习的含义

终身学习在很大程度上是终身教育和社会化学习两者相结合的产物。关于终身学习，不同的学者和组织对其的解释也不尽相同。终身学习是通过一个不断的支持过程发挥人类的潜能，它激励并使人们有权利去获得他们终身所需要的全部知识、技能与理解，并在任何任务、情况和环境中有信心、有创造性并愉快地应用它们。

（二）终身学习能力的构成要素

第一，自学能力。自学能力是指独立获取新知识，不断调节自己的知识结构的能力，是个体获得成功的最基本的一种能力。

第二，适应能力。适应能力是指人随外界环境变化和时代变迁而改变自己的行为方式、生活方式、交往范围、思维习惯、思想认识和价值观念的能力。

第三，分析和解决问题的能力。分析和解决问题的能力就是对客观世界间接的、概括的反应能力。

第四，利用现代化学习工具的能力。利用现代化学习工具的能力就是指个体运用现代化学习工具对信息进行搜集、加工、存储、处理、传递、应用的能力。

第五，组织管理能力。组织管理能力主要是一种社会活动能力，它包括计划、决策、协调、合作、人际交往等多种能力。

第六，实际操作能力。实际操作能力是指完成学习活动、专业训练和生产实践中各种任务的具体运作能力，它是现代人才不可或缺的一种能力。现代科学上许多重大突破都得益于高超的实验技术。

（三）终身学习与职业发展

有研究指出，在离开校园后的两到三年内，大学生在学校学习的知识一半以上会被淘汰，甚至更多。考虑到新知识入选课本需要的时间，以及课本更新的周期，当毕业生踏出校门的时候，就有一部分知识已经落伍。想要胜任当前的工作，通过学习获得新的知识和技能必不可少。随着科技日新月异，知识进入了爆炸时代。两到三周的时间不学习也许看不出来什么，但是两到三个月不学习，就会和别人出现一定的差距，更不要说两到三年的时间了。换句话说，为了更好地工作和生活，我们不得不学习。而且在职场奋斗了一段时间之后，对自己认识得更加清楚，也会渐渐总结出自己的优势和缺陷，明白如何把自己的强项发挥到极致，如何避免知识和能力上的不足带来的劣势，这就需要通过及时的学习和实践提高个人的知识水平，不断扩大自己的视野和格局。知识和能力并非天生的，而是需要我们努力学习获得的。每个人都希望自己可以得到充分的发展，而发展和提高的前提是学习。此外，从功利的角度来看，学习带来的一些正面的影响，如学历的提升、文凭的获得、专业认证的通过等，有的时候是职场发展的敲门砖。现如今社会对人才的需求及对大学生职业素质、职业技能的要求日渐提高，大学生就业指导和职业生涯规划已引起了高校和全社会的广泛关注。“读书是学习，使用也是学习，而且是更重要的学习。”在当前知识经济时代，拥有获取知识、运用知识和创新知识的能力是一个人成功的重要因素，善于学习、有较强学习能力和思维能力的创新型人才，才是知识经济时代的强者。因此，大学生只有着眼于未来，培养自己终身学习的能力，才能更好地适应职场的变化。

二、积淀职业素质

（一）职业道德素质的积淀

1. 职业道德素质的概念

职业道德素质是指个人在一些基本的职业道德原则与规范的基础上形成的对待自己职业的一整套相对稳定的价值观和态度，它既是对个人在职业活动中行为的要求，又是职业对社会所负的道德责任与义务。这是立足于社会层面对职业道德进行的概念界定，通过对职业道德的约束性和规范性进行强调，进而表现出一种比较标准的职业道德定义。

2. 职业道德素质的特点

职业道德素质是心理意识、行为原则和行为规范的总和，是人们在从事职业的过程中形成的一种内在的、非强制性的约束机制。具体而言，职业道德素质具有如下特征：稳定性和连续性、专业性和有限性、多样性和适用性、纪律性和强制性。

3. 职业道德素质规范体系

职业道德素质规范体系的核心部分包括三个层次。第一层次（最高层次）是社会主义职业道德素质的核心——为人民服务；第二层次是各行各业都应当遵守的基本规范；第三层次是各行各业自己的具体职业规范。

4. 职业道德素质的培养

针对目前高等院校职业道德教育存在的问题，学校应改进和优化职业道德教育。培养大学生职业道德素质可从以下几个方面入手。

（1）在课堂教学中灌输职业道德内容。高校要不断深化专业课堂教学改革，要以专业人才培养目标为主，系统设计职业道德课程开发、教材建设方案，教学重点，教学标准，考核标准。

（2）在社会实践中体验职业道德规范和行业道德规范。丰富的社会实践是指导大学生成长成才的重要基础，大学生良好职业道德行为习惯的养成离不开社会实践这个重要途径。高校应尽可能多地为大学生提供参与社会实践的机会。

（3）在职业活动中强化职业道德行为。高校应通过开展丰富多彩的活动增强大学生自觉遵守职业道德规范和行业道德规范的意识。

（4）在专业教学中增强学生职业道德意识。高校在合理确定人才培养目标时，应确定合理的大学生职业道德、职业技能、就业创业能力的培养方案。

（二）职业心理素质的积淀

1. 职业心理素质的内涵

职业心理素质包括智力型和非智力型职业心理素质两类。智力型职业心理素质（智力因素），具体包括知识、智力、领导及管理能力、人际交往能力、处理工作的能力；非智力型职业心理素质（非智力因素），包括思想品质及职业道德，职业需求、职业情感及价值观，意志情绪品质，个人素质。

良好的职业心理素质表现在以下几个方面：

(1)具有充分的适应力。

(2)能充分地了解自己并对自己的能力做出适度的评价。

(3)生活的目标切合实际。

(4)不脱离现实环境。

(5)能保持人格的完整与和谐。

(6)善于从经验中学习。

(7)能保持良好的人际关系。

(8)能适度地发泄情绪和控制情绪。

(9)在不违背集体利益的前提下,能有限度地发挥个性。

2.职业心理素质的培养

培养良好的职业心理素质应从以下几个方面入手。

(1)保持冷静

在面对紧张的工作节奏和突发问题时,必须冷静、镇定地应对。可以通过深呼吸、短暂休息或寻求同事的支持恢复内心的平静,从而更加客观地分析问题并找到有效的解决方案。

(2)保持自信

我们应该相信自己的能力和潜力,并对自己承担的工作充满信心。当我们对自己充满信心时,就能更加自信地表达观点、做出决策,并展现个人的独特价值。

(3)保持积极、乐观的心态

对于工作中的挑战和困难,要以积极的心态去应对,要相信自己有能力克服一切障碍。保持乐观的态度,能够帮助我们看到问题背后的机会和可能性,帮助我们在职场中不断成长和进步。

(4)待人真诚

真诚是建立职场人际关系的纽带。在与同事、上司和客户交流时,要保持真诚,坦诚地表达自己的想法和感受。通过真诚的沟通,减少误解和冲突,建立互相信任和尊重的工作关系,从而营造积极向上的工作氛围。

(5)坦然面对职场中的挫折和失败

在职业生涯中,我们难免会遇到失败和挫折,但重要的是如何正确看待它们。要学会将失败视为学习和成长的机会,从中汲取经验教训,进而不断调整自己的方向和策略。坦然面对挫折,更加坚韧地面对未来的挑战。

(三)职业文化素质的积淀

1.职业文化素质的概念

在实际工作中,综合素质好、职业素养好的大学生,往往能够找到比较理想的工作。职业文化素质是人们在职业活动中逐步形成的价值观念、思维方式、行为规范以及相应的习惯、气质、礼仪与风度,其核心内容是对职业使命、职业荣誉、职业心理、职业规范以及职业礼仪的认同和遵从。企业对大学生职业文化素质的要求通常是比较高的。

2.职业文化素质的培养

(1)了解职业特点和发展趋势。要主动了解自己所学专业的职业特点、发展趋势和社会需求,明确职业发展方向和目标,为自己的职业发展规划好蓝图。多读专业书籍,关注行业动态,参加相关讲座和交流活动,多与行业专家和从业者交流。

(2)提高专业知识水平和职业技能。扎实的专业知识和过硬的职业技能是职业发展的基础。大学生要认真学习专业课程,深入理解专业知识,掌握所学专业的核心技能。同时,还要主动学习培养与职业相关的其他知识和技能,如计算机技能、外语能力、写作能力等,提高自己的综合素质和竞争力。

(3)积极参与职业实践和实习活动。要积极参与各种职业实践活动,如专业实习、竞赛项目等,在实践中锻炼和提高自己的职业素质,积累职场经验,为未来的职业发展奠定基础。

□实训演练

毕业生职场适应训练

一、活动目标

通过本次实训演练活动，帮助学生了解职场文化，提高职业素质，培养团队协作能力，为适应职场做好准备。

二、活动时间

建议活动时间：1天。

三、活动内容

1. 职场文化讲座

请一位有丰富职场经验的讲师为学生讲解职场文化，包括职场礼仪、沟通技巧、团队协作等方面的知识。

2. 角色扮演

将学生分成若干小组，每组选定一个职场场景（如面试、商务谈判、项目汇报等）进行角色扮演。通过实际演练，培养学生在职场中的沟通、协作和解决问题的能力。

3. 职场案例分析

提供一些典型的职场案例，让学生分析和讨论。帮助学生了解职场中可能遇到的问题，以及如何应对和解决这些问题。

4. 团队建设活动

组织学生进行一些团队建设活动，如破冰游戏、团队挑战赛等，提高学生的团队协作能力，使彼此之间增进信任与了解。

□思考与讨论

1. 大学生在角色转换过程中应该注意哪些问题？

2. 大学生应如何提高职业适应性?

3. 请简述如何积淀职业素质。

4. 阅读下面的案例,展开思考与讨论。

毕业生:职场你好

在一档节目中,几个来自不同地域、不同高校,有不同学历的毕业生,讲述了他们的求职历程。

● 迈出第一步并不容易

“00后”大学生小朱今年毕业,即将进入职场。由于备战硕士研究生入学考试,他错过了去年的秋招,直到考研失利后才真正开始找工作。他坦言,自己在找工作的过程中,遇到过一些困难。“一方面面临着学历门槛,比如有的企业在岗位需求上会明确注明招聘硕士及以上学历的毕业生,另一方面也感觉到自己在求职上经验不足,比如简历信息如何匹配岗位要求,面试时如何回答复杂难题等,都感觉比较难。”

某校毕业生小邵曾在去年秋招时拿到一家互联网企业的入职通知,但在今年却遭到对方毁约,重新出发的她不得不再次加入找工作的大军。“我比较擅长表达,所以如果能进入面试,成功率还挺高的,但难题在于,有些企业在简历阶段就把我筛掉了,连面试的机会也拿不到。”

丢掉入职通知的那段时间,小邵感到十分焦虑。“我对于找到工作是有信心的,但对于找一份行业方向、工作内容、工作氛围、薪资待遇等方面都满意的工作,却没什么信心了。”

● 提前规划,做充分准备

某校车辆工程专业的毕业生小庞早早确定了求职目标,并为此做了诸多准备。“我优先考虑在家乡就业,倾向去国企,所以在求职时,重点准备了本地的车企、涉及通信和半导体行业的国企以及在本地的科研院所,最后签了一家和专业对口的国企。”

在小庞看来,对职业生涯进行规划十分重要,所以在找工作前最好有明确的定位。“比如是优先考虑工作地点还是工作企业,是优先选择国企还是私企。通过对优先级的排序,找出符合自己要求的企业,有针对性地进行准备。”

就读于国外某校的小谢今年毕业，选择回国就业的她从去年10月就开始了求职之旅。“在国外我最担心的是和国内存在信息差，所以关注了不少国内的招聘网站、公众号，还加了一些求职群，方便及时了解和交换最新的求职信息。”

小谢认为找工作其实考验的是对信息的筛选。“在准备笔试、面试的过程中，我会去网上看一些有经验的博主或者学长学姐分享的求职经验，比如考点分析、面试流程及方法等，会比独自摸索高效很多。”

小谢认为，求职的过程其实是不断总结、查漏补缺的过程，要敢于尝试。“面试的次数越多，积累的经验也就越多，在求职时就会更加自信。”

- 希望学校和社会提供更多支持

面对越来越激烈、战线越来越长的就业形势，小邵希望学校能够更早关注学生的就业问题，把工作做在前面。“其实很多大学生在入学的时候不太清楚未来能做什么，专业对口的工作有哪些，也不知道该如何为毕业求职做准备，需要学校为学生答疑解惑。”

小庞希望学校能够针对非毕业班的学生开展一些就业指导活动和讲座，让学生提前形成就业意识，多去学习和积累，为就业做好充分准备。

作为第一批大学毕业的“00后”，小朱也希望社会能对这一届大学生多一些包容和理解，提供更多面向应届生的就业岗位。“让我们千禧一代也能够更好地发挥自己的价值，找到属于自己的‘C位’。”

案例来源：中国青年报《毕业生：职场你好》，有删改。

请思考并讨论：

(1) 你认为在求职过程中，毕业生普遍面临着哪些困难和挑战？你有什么建议和应对策略？

(2) 对于提前进行职业规划和求职准备，你有什么看法？你认为从什么时候开始准备比较合适？

(3) 你认为高校在学生就业指导和服务方面还有哪些可以改进和加强的地方？

(4) 面对外部环境的变化，求职形式和渠道出现新的趋势，你认为毕业生该如何顺应变化，提升求职竞争力？

参考文献

[1] 刘廉明.大学生职业生涯规划与就业指导[M].2版.厦门:厦门大学出版社,2022.

[2] 王妍,闫洪雨,孙韬.职业生涯规划与就业指导[M].苏州:苏州大学出版社,2022.

[3] 舒显奇,吕罗伊莎,刘江.大学生入学教育[M].北京:北京师范大学出版社,2021.

[4] 王涛,严光玉,李俊琦.职业发展与就业指导[M].北京:北京师范大学出版社,2021.

[5] 胡东亮,迟昊婷,师帅.大学生就业指导与创业教育研究[M].北京:研究出版社,2023.

[6] 秦琦.高校大学生职业规划与就业能力提升[M].北京:中国商业出版社,2023.

[7] 陶德胜,周萍.大学生职业生涯规划与就业创业指导[M].4版.苏州:苏州大学出版社,2023.

[8] 缪子梅,孙学江.新时代大学生职业生涯规划与就业创业教程[M].2版.南京:东南大学出版社,2023.

[9] 陈勇.大学生就业创业技能指导与研究[M].北京:中国书籍出版社,2023.